DUMONT EXTRA

Kos

Nikos Varelas

Inhalt

Kalós

»Gut, dass sie kommen«, so begrüßen die Griechen traditionell einen Fremden. Auf Kos freilich sprechen die meisten Einheimischen zumindest auch Englisch, denn die geschichtsträchtige Insel vor der türkischen Küste ist eines der meistbesuchten Urlaubsziele in der Ägäis. Viele Kilometer lange, oft noch völlig unverbaute Sandstrände und ideale Surfreviere locken ans Wasser. Gut ausge-

rissate!

baute Radwege und harte Pisten laden zu Touren per Fahrrad oder Mountainbike ein; rauhe Jeeps und schicke Cabrios sorgen für Fahrspaß auf den Inselstraßen. Eine Vielzahl guter oder zumindest uriger Tavernen in den Bergdörfern lockt zu kulinarischen Entdeckungsreisen – und des nachts ist die Club- und Disco-Szene so heiß wie der Sommerwind.

Kos "Insel des Hippokrates"

Kos ist eine handliche Insel. Klein genug, um in höchstens zwei Tagen alle Inseldörfer und bedeutenden Sehenswürdigkeiten kennenzulernen – und doch groß genug, um hier zwei erholsame und abwechslungsreiche Wochen verbringen zu können. Im Vordergrund der Urlaubserlebnisse stehen auf Kos die Strände. Zwei Drittel der 112 km langen Küstenlinie werden von Sand- und Kiesbändern gesäumt, die größtenteils flach ins Meer abfallen und auch Kindern ein gefahrloses Planschen ermöglichen. Nur vor den großen Hotels stehen die Liegestühle in mehreren Reihen, aber selbst dort in akzeptablen Abständen. Sogar in ausgesprochenen Badeorten wie Tigáki, Marmári und Mastichári finden Sie noch lange Strandabschnitte ohne Sonnenschirmreihen und ganz einsame Plätze in den niedrigen Dünen.

Im Südwesten der Insel säumt ein über 16 km langer Sandstrand vor völlig unverbauten Hängen die Ägäis – ideal für alle, die Ruhe suchen, sich gern wie Adam und Eva kleiden oder einfach nur lange Strandspaziergänge unternehmen möchten. Wer das Gegenteil sucht, wird am westlichen Stadtstrand von Kos fündig. Da stehen die Liegestühle so eng aneinander, dass Sie beim Armausstrecken nahezu zwangsläufig den Nachbarn oder die Nachbarin betatschen. Dort ist das aber auch so gewollt, passt zu den Disco-Rhythmen in den Ohren und zu den Kellnern, die am Liegestuhl kühle Drinks servieren. Manchmal sogar als Tarzan verkleidet.

Badefreuden besonderer Art, die Sie sich am besten gleich zu Beginn Ihres Urlaubs einmal gönnen sollten, um danach immer wieder kommen zu können, bietet die Thermalquelle von Embrós Thérme im äußersten Nordwesten der Insel. Anderswo in Europa wäre um sie herum längst ein teurer Kurort entstanden. Hier in Griechenland aber nimmt man sie, wie sie ist: Das Wasser fließt aus dem Fels ins Meer, nur ein paar große Steine markieren einen Pool, in dem die Badegäste sitzen oder liegen und schwatzend das warme Wasser genießen.

Vor 2000 Jahren verstanden die Koer ihre Thermalquellen besser zu nutzen. Damals war die Insel einer der berühmtesten Kurorte der Alten Welt. Dazu trug allerdings nicht nur das heilkräftige

Verspielte Bauten hinterließen die Italiener der Stadt Kos

Wasser bei, sondern vor allem auch das Renommee der hier ansässigen Ärzteschule und der Ruf der Insel als ›Heimat des Hippokrates‹, des berühmtesten aller Ärzte. Den dem Hippokrates zugeschriebenen Eid legen heute noch Mediziner in aller Welt ab, viele seiner Erkenntnisse besitzen weiterhin ihre Gültigkeit. Von der Stadt, in der er 460 v. Chr. geboren wurde, sind auf der Kéfalos-Halbinsel Spuren erhalten; die Platane, unter der er gelehrt haben soll, trägt noch heute in der Stadt Kos ein grünes Blätterkleid. Der von deutschen und italienischen Archäologen vor dem Zweiten Weltkrieg freigelegte ›Kurort‹ der Antike, das Asklipieion, ist dank anschaulicher Rekonstruktionen die interessanteste historische Sehenswürdigkeit der Insel – und eine der am schönsten gelegenen archäologischen Stätten ganz Griechenlands.

Die Inselhauptstadt Kos zieht ihren besonderen Reiz aus dem engen Nebeneinander von Geschichte und Gegenwart. Unmittelbar vor der Burg aus Kreuzritterzeiten legen große Autofähren, elegante Kreuzfahrtschiffe und schnelle Tragflügelboote an. Im Schatten der Hippokrates-Platane zeichnen Künstler Urlauber-Porträts, gleich daneben tagt das Amtsgericht in einem orientalisch-verspielten Gebäude aus der Zeit des italienischen Faschismus. In den Bars am Rande der antiken Agorá, also des Marktplatzes der damaligen Zeit, tanzen junge Engländerinnen auf den Tresen – und in den jederzeit frei zugänglichen Ruinen von Tempeln und Säulenhallen lässt sich im Mondenschein gut schmusen. Das ist ein großer Pluspunkt von Kos, auch für Kulturreisende: Die Ausgrabungen im Stadtgebiet sind fast alle ins tägliche Leben einbezogen, nicht eingezäunt, abgesperrt und eintrittspflichtig.

Schön ist auch, dass die Griechen nach der Befreiung vom türkischen Joch hier nicht die Spuren der Andersgläubigen verwischten, sondern ihre Gotteshäuser stehen ließen. Ehemalige Moscheen werden heute zwar teilweise als Geschäfte und Cafés genutzt, ihre Minarette aber ragen noch in den meist blauen Himmel wie in den vielen Jahrhunderten, in denen Kos zum Osmanischen Reich ge-

Der Tourismus hat viel verändert, doch die Traditionen sind lebendig geblieben: Strand von Kardámena und Bauer im Inland

hörte. So können Sie gut einen ganzen Ausflugstag in der Inselhauptstadt verbringen und auf den Spuren der Geschichte wandeln, ohne sich in museale Ghettos begeben zu müssen.

Was Kos – anders als etwa Kreta oder Korfu – nicht bieten kann, sind abgelegene Bergdörfer, in die nur selten Touristen kommmen. Dafür ist die Insel zu schmal, liegen auch die Binnenorte zu nahe am Meer. Sie sind ja alle vom Strand aus in maximal 90 Min. sogar zu Fuß zu erreichen. Trotzdem lohnt es sich, einen Tag im Binnenland zwischen Ziá und Antimáchia zu verbringen, mit welchem Verkehrsmittel auch immer von Dorf zu Dorf, von Café zu Café oder Taverne und den Geist der Muße in sich aufzunehmen, der die meisten Griechen erfüllt.

Grundlage dafür ist eine Einschränkung des Bewegungsdranges: Man erlebt weniger, wenn man von Sehenswürdigkeit zu Sehenswürdigkeit hastet, als wenn man ein Stündchen im Kafénio sitzt, das Leben um sich herum beobachtet und mit Einheimischen ins Gespräch kommt.

Vor allem die Älteren haben viel zu erzählen. Sie erinnern sich noch an die Zeit vor 1974, als die Zypernkrise die meisten Türken vertrieb und bald darauf die Ära des Massentourismus begann. Heute leben fast alle Koer mehr oder weniger vom Fremdenverkehr. Nur wenige widmen sich noch der Milchviehhaltung oder dem Fischfang, fast niemand mehr zieht mit Schaf- und Ziegenherden durch die Landschaft. Die verbliebenen Bauern kultivieren überwiegend Gerste und Weizen, Oliven, Wein und Wassermelonen. Die Jugend flieht das Land. In Hotels und Tavernen, als Liegestuhlvermieter oder im Reisebüro ist der Euro schneller zu verdienen als in traditionellen Berufen. Dabei sind Boden und Klima gut. Bis zum Zweiten Weltkrieg exportierte Kos Mandarinen, Apfelsinen und Zitronen, noch in den 60er Jahren wurde auf Kos Tabak angebaut, bis zu Beginn der 90er Jahre stellte eine kleine Fabrik auf der Insel Tomatenmark her. Jetzt sind nur noch eine Limonadenfabrik, zwei Molkereien und eine Weinkellerei übrig geblieben – und

auch über der schwebt das Damoklesschwert der Unrentabilität.

Ein Kompliment muss man den Koern freilich machen: Sie haben für den Urlauber mehr getan, als man auf vielen anderen Inseln in der Ägäis findet. Nirgends sonst wurden mehr Radwege angelegt, nur auf Kos sind vor fast jeder Taverne und an vielen Stränden Fahrradständer zu finden. Die wichtigsten Flaniergassen in der Inselhauptstadt sind reine Fußgängerzonen; es gibt sogar richtige Busfahrpläne. Griechenland-Neulinge mögen das für normal halten, Griechenland-Kenner geraten ins Staunen. Und obwohl noch immer deutlich sichtbar hinter dem Asklipieion die ständige Rauchsäule der Müllkippe in den Himmel steigt, haben die Koer auch mehr für die Umwelt getan als anderswo. Für den Urlauber am wichtigsten: Abwässer werden nirgendwo ungeklärt in die Ägäis geleitet, Strände und Meer sind sauber. So wurden denn auch sieben Strände der Insel mit der Blauen Europa-Flagge ausgezeichnet. Einem ungetrübten Badevergnügen steht also nichts im Wege.

Koos oder Koss? Der Inselname besteht aus nur drei Buchstaben – und doch ist die Frage, wie man ihn ausspricht. Die Antwort: wie ›Kuss‹ mit ›o‹.

Kos in Zahlen: Fläche 290 km^2, 25 000 Einwohner, ca. 550 000 Touristen jährlich. Länge ca. 40 km, größte Breite ca. 10 km, höchster Berg (Díkeos) 846 m. Geringste Entfernung zur Türkei ca. 7 km, Entfernung nach Rhodos 64 Seemeilen, nach Piräus 200 Seemeilen.

Dodekanes: Kos gehört zur Inselgruppe des Dodekanes, der einen eigenen Regierungsbezirk bildet. Bezirkshauptstadt ist Rhodos. Zum Dodekanes gehören 19 ständig bewohnte Inseln von Kastellórizo im Südwesten und Kássos im Südosten bis nach Pátmos im Norden.

Geschichte

Asklipios und Hippokrates auf einem römischen Mosaik

460 v. Chr.	Der berühmte Arzt Hippokrates wird auf Kos geboren. Die Hauptsiedlung der Insel lag damals aber noch auf der Kéfalos-Halbinsel im Westen.
366 v. Chr.	Die Bewohner der Insel beschließen die Gründung einer neuen Stadt an der Stelle des heutigen Kos.
336–323 v. Chr.	Regierungszeit Alexanders des Großen. Kos wird Teil des makedonischen Königreichs, das Alexander bis nach Persien und Ägypten hin ausdehnt.
323–146 v. Chr.	Zeitalter des Hellenismus. Das Weltreich Alexanders wird unter seinen Generälen aufgeteilt; Kos ist nun Teil des von Ägypten aus regierten Ptolemäischen Reichs.
146 v. Chr.	Das griechische Festland wird römische Provinz.
82 v. Chr.	Kos und die anderen Inseln des Dodekanes werden Teil der römischen Provinz Asia.
395 n. Chr.	Bei der Teilung des Römischen Reiches fällt Kos wie ganz Griechenland an Ostrom und bleibt für über 800 Jahre Teil des sich daraus entwickelnden Byzantinischen Reichs mit Konstantinopel (dem heutigen Istanbul) als Hauptstadt.
554	Ein schweres Erdbeben verwüstet die Insel.
1054	Offizielle Abspaltung der römisch-katholischen Kirche vom orthodoxen Glauben.
1204	Ein Kreuzfahrerheer erobert auf venezianische Anstif-

	tung hin Konstantinopel; das Byzantinische Reich wird entscheidend geschwächt.
1309/10	Die aus dem Heiligen Land vertriebenen Johanniterritter erobern Rhodos und erwerben Kos durch Kauf.
1523	Nach sechsmonatiger Belagerung erobern die Truppen Sultan Süleymans Rhodos für das Osmanische Reich. Die Johanniterritter verlassen daraufhin auch Kos und die anderen Inseln des Dodekanes. Kos wird türkisch.
1821–30	Griechenland, seit dem 15. Jh. weitgehend Teil des Osmanischen Reichs, erhebt sich gegen die türkische Herrschaft und erkämpft für einen Teil von Hellas die Unabhängigkeit. Kos und der Dodekanes bleiben türkisch.
1912–43	Kos und die anderen Inseln des Dodekanes stehen unter italienischer Herrschaft. Am 23. April 1933 zerstört ein schweres Erdbeben weite Teile der Altstadt von Kos.
1943	Nach der Kapitulation Italiens besetzen deutsche Truppen die Insel und verschleppen die koischen Juden nach Auschwitz.
1947	Die seit dem Kriegsende von Großbritannien verwalteten Inseln des Dodekanes werden Teil des freien Griechenlands.
1967–74	Obristen ergreifen im seit Kriegsende politisch unstabilen Griechenland die Macht und errichten eine Militärdiktatur.
ab 1974	Beginn einer stabilen Demokratie, die Monarchie wird abgeschafft. 1980 tritt Griechenland der Europäischen Gemeinschaft bei. Zwei Parteien beherrschen jetzt das politische Geschehen: die sozialdemokratische, vom gegenwärtigen Premierminister Kóstas Símitis geführte PASOK und die konservative Néa Dimokratía mit Kóstas Karamanlís als Vorsitzendem.
2000	Die Beziehungen zur Türkei verbessern sich, nachdem Griechenland im Dezember 1999 zustimmt, dem früheren ›Erbfeind‹ den Status eines EU-Beitrittskandidaten zu gewähren.
2002	Seit 1. März ist der Euro das alleinige gesetzliche Zahlungsmittel in Griechenland. Er ersetzt die bis dahin gültige Landeswährung, die Drachme.

Gut zu wissen!

Beschwerden: Das Ehrgefühl der Griechen ist groß. Wer als Fremder eine Beschwerde vorbringen will, sollte daran denken. Scharfer Ton und heftige Lautstärke bewirken, dass der Angesprochene sich angegriffen fühlt und kühl reagiert. Besser ist es, das Problem sachlich zu schildern und zum Ausdruck zu bringen, dass man auf seine Freundlichkeit und Fähigkeit setzt, es zu lösen.

Fotografieren: Die meisten Griechen lassen sich gern fotografieren. Dennoch sollte man vorher ihr Einverständnis durch ein Nicken oder Lächeln einholen.

Freie Tische: Ein schwerer Fauxpas ist es, sich unaufgefordert an einen besetzten Tisch zu setzen, auch wenn noch Stühle frei sind.

Handeln und Feilschen: Bei Waren von geringem Wert wird in Griechenland nicht um den Preis gefeilscht. Man handelt nur bei teuren Produkten wie Schmuck und Lederjacken, beim Zimmerpreis und außerhalb der Hochsaison auch bei Autovermietern.

Kirchen- und Klosterbesuche: Kirchen und Klöster sollte man nur mit bedeckten Knien und Schultern betreten. In Kirchen sollte man die Arme nicht auf dem Rücken verschränken oder mit gekreuzten Beinen sitzen. Steht man dicht vor einer Ikone, wendet man ihr nicht den Rücken zu. Fotografieren und Filmen wird in Kirchen ungern gesehen. Kerzen darf hingegen jeder anzünden.

Liegestühle: Hotelliegestühle schon am frühen Morgen durch Auflegen eines Handtuchs für sich zu reservieren, ist eine viel bespöttelte deutsche Eigenart. Griechen haben dafür kein Verständnis; in vielen Hotels ist es auch ausdrücklich verboten.

Mittagsruhe: Zwischen etwa 14 und 17 Uhr hält man in Griechenland Mittagsruhe. In dieser Zeit

Eintritt sparen!

Schüler und Studenten aus EU-Ländern sowie Journalisten haben freien Eintritt zu allen staatlichen Museen und zu allen archäologischen Stätten in Griechenland. Sie müssen einen Schüler- bzw. einen internationalen Studenten- bzw. Presseausweis vorweisen. Senioren aus EU-Ländern über 65 Jahre erhalten gegen Vorlage ihres Personalausweises eine Ermäßigung.

sollte man nicht an Klostertoren läuten und auch keine Privatpersonen anrufen oder besuchen.

Nackte Haut: ›Topless‹ am Strand zu liegen, ist inzwischen überall in Hellas üblich und wird auch von Griechinnen praktiziert. Sich ganz zu entblößen, ist nur an wenigen Stränden üblich. In Badehose oder Bikini durch ein Dorf oder die Stadt zu bummeln, gilt als Zeichen von Geschmacklosigkeit.

orthodox: In der orthodoxen Kirche wurden im Gegensatz zur katholischen schon seit dem 8. Jh. keine Dogmen mehr verkündet. Die wichtigsten Unterschiede: Orthodoxe Christen erkennen die Oberhoheit des Papstes nicht an; ihre Priester dürfen verheiratet sein. Die Taufe wird durch völliges Untertauchen vollzogen. Anders als bei den Katholiken gilt das alte Dogma, dass der Heilige Geist nur von Gottvater, nicht aber von Gottsohn ausgeht.

Sicherheit: Griechenland hat die niedrigste Kriminalitätsrate aller EU-Staaten.

Tageslicht: Im Sommer sind auf Kos die Tage kürzer als bei uns, im Winter etwas länger. So geht die Sonne Mitte Juni etwa um 5.15 Uhr auf und um 20 Uhr unter.

Toiletten: Außerhalb der Hotels, Privatzimmer und guten Restaurants lässt der Zustand griechischer Toiletten manchmal arg zu wünschen übrig. Außer in erstklassigen Hotels ist es üblich, das Toilettenpapapier nicht in die Toilette, sondern in daneben stehende Papierkörbe oder Eimer zu werfen.

Endáxi;

Mit dem oft gehörten Wort *Endáxi* bestellen die Griechen nicht etwa andauernd Taxis, sondern meinen schlicht ›okay‹. Das Semikolon ersetzt im Griechischen das Fragezeichen. Ein sanftes, schräg zur Seite hin geneigtes Kopfnicken mit angedeutetem Schmatzmund bedeutet ›Ja, ich glaube schon‹. Legt jemand sanft den Kopf in den Nacken und zieht dabei mit halb geschlossenen Augen die Stirn nach oben, ist das ein wortloses ›Nein‹. Beim Zählen mit den Fingern beginnt man nicht mit dem Daumen, sondern mit dem Zeigefinger, der Daumen wird erst für die Fünf gebraucht. Und sagt ein Grieche *nä*, dann heißt das ›Ja‹.

Trinkgelder: In Restaurants lässt man sich das Wechselgeld zunächst herausgeben, um das Trinkgeld danach auf dem Tisch liegen zu lassen. 5–10 % des Rechnungsbetrags sind angemessen. Zimmermädchen gibt man etwa 50 Cent/Person und Tag; Taxifahrer erwarten ein Aufrunden des Rechnungsbetrages. Trinkgelder unter 50 Cent wirken beleidigend.

Trinkwasser: Leitungswasser kann bedenkenlos getrunken werden.

Feste & Unterhaltung

Disco Hamam in Kos-Stadt

Kirchliche Feste

Kirchliche Feiertage fallen in Griechenland nur selten auf den gleichen Tag wie bei uns, weil sie nach dem in der orthodoxen Kirche gültigen Julianischen Kalender berechnet werden.

Karfreitag, 25. April 2003 bzw. 9. April 2004: Nach dem Abendgottesdienst wird der *Epitáphios,* das symbolische Grab Christi, in einer Prozession durch den Pfarrbezirk getragen.

Ostersamstag, 26. April 2003 bzw. 10. April 2004: Gegen 23 Uhr gehen die meisten Koer zur Kirche. Kurz vor Mitternacht verlöschen alle Lichter bis auf das ›Ewige Licht‹ einer Öllampe. Dann verkündet der Priester die Auferstehung Christi, alle entzünden nacheinander ihre Kerzen, die Jugendlichen lassen Silvesterknaller explodieren. Am Ostersonntag werden Lämmer und Zicklein gegrillt, falls man sie nicht schon über Nacht im Lehmbackofen gegart hat. Man feiert mit Freunden und der oft von weither zusammengekommenen Familie.

Mariä ›Entschlafung‹, 15. August: Den Todestag der Gottesmutter feiert ganz Griechenland. Oft findet das Fest mit Musik und Tanz auf den Dorfplätzen schon am Vorabend statt.

Kirchweihfeste (Panigíria): Sie werden jeweils am Patronatstag des Heiligen begangen, dem die Pfarrkirche geweiht ist. Manchmal besteht das Fest nur aus einem Gottesdienst, an den sich eine Prozession anschließt. Häufig werden am Vorabend und am Festtagsabend selbst Musik- und Tanzveranstaltungen auf dem Dorfplatz organisiert.

Nationalfeiertage

Beide Tage werden mit Paraden in der Stadt Kos begangen; die jüngeren Schüler tragen an diesem Tag oft Nationaltracht.

25. März: Gedenken an den offiziellen Beginn des Befreiungskampfes gegen die Türken 1821.

28. Oktober: ›Ochi-Tag‹ in Gedenken des ›Großen Neins‹, das 1940 die Antwort des griechischen Diktators Metaxás auf ein Ultimatum Mussolinis war und zum Kriegseintritt Griechenlands auf Seiten der Alliierten führte.

Unterhaltung

Bouzoúkia: Traditionelle griechische Lokale mit griechischer Live-Musik, zu der jeweils ein Freundeskreis tanzt. Standardgetränk ist Whisky, der meist flaschenweise bestellt wird (Flasche ca. 50–70 €). Auf Kos hat man nur im Winter Zeit für die Bouzoúkia.

Discos: Griechen gehen kaum vor Mitternacht in die Disco. Vor 22 Uhr sind die großen Discos selten geöffnet; über die gähnende Leere zu Beginn trösten oft ermäßigte Getränkepreise (›Happy Hour‹) hinweg. Meist wird ein Eintrittsgeld von 5–6 € erhoben, mit dem dann auch das erste Getränk bezahlt ist.

Ellinádika: Seit den späten 90er Jahren ist in ganz Griechenland ein neuer Lokaltyp in Mode gekommen, der entweder einem Music Club oder einer Disco entsprechen kann. Das Besondere: Hier wird nur moderne griechische Musik gespielt – also kein Theodorákis, sondern Rock, Techno etc. griechischer Gruppen.

Folklore: Trachten trägt auf Kos heute niemand mehr. Die alten Volkstänze aber sind durchaus noch lebendig, werden an den Schulen gelehrt und bei Kirchweihfesten oder Hochzeiten und Taufen getanzt. Folklore-Shows in Hotels oder im speziellen Folklorelokal beim Bergdorf Zía sind zwar fotogener, aber keinesfalls authentischer als die Tänze von Feiernden im Alltagsdress.

Kino: Kinos gibt es nur in der Stadt Kos – im Winter in einem geschlossenen Raum, im Sommer unterm Sternenhimmel. Außerdem gibt es auf Kos einen Filmclub, der durch Aushänge, die allerdings nur auf Griechisch abgefasst sind, auf besondere Filmabende in einer der koischen Schulen aufmerksam macht.

Konzerte: Griechische Sänger und Bands treten während der Sommersaison gelegentlich im Stadion der Stadt auf.

Kulturfestival Ippokratía: Im August mit zahlreichen Konzerten, Theatergastspielen und Folklorevorführungen. Das alles findet statt in der Burg am Hafen und im Stadion, auf die Veranstaltungen wird zum Teil aber nur durch griechischsprachige Plakate aufmerksam gemacht.

Music Clubs: Auf Kos sind Music Clubs sehr zahlreich. Meist sind es Bars, wo ein DJ die Musik auflegt, aber nur gelegentlich getanzt wird. Music Clubs sind meist ab 20 Uhr geöffnet.

Theater: Ein eigenes Ensemble gibt es auf Kos nicht. Gastspiele anderer griechischer Theater finden im Rahmen des Ippokrátia-Festivals statt, das alljährlich im August in der Kreuzritterburg, im Stadion und in Schulen der Stadt veranstaltet wird.

Musik zum Zuhören

Wer griechische Musik à la Theodorákis und moderne griechische Liedermacher mag, sitzt in der Boite Parastási in Kos-Stadt genau richtig. Hierher kommen vor allem junge Griechen, um zuzuhören, nicht um zu tanzen.
Odós Ippokrátou 14, Tel. 2242-021 201, tgl. ab 21 Uhr.

Essen & Trinken

Standardgerichte wie Souvláki und Co. können Sie auch in griechischen Restaurants in der Heimat essen. Auf Kos sollten Sie einmal die meist abwechslungsreichen und oft auch ungewöhnlichen Angebote auf der Speisekarte bevorzugen.

Aufläufe und gefüllte Gemüse werden traditionell hoch geschätzt; in den letzten Jahren sind aus den verschiedensten Gemüsen und Fleischsorten zubereitete Kroketten immer beliebter geworden. Fleisch und Fisch schätzt man besonders, wenn sie auf dem Holzkohlengrill gegart wurden; es gibt aber auch köstliche Schmorgerichte. Innereien werden vor allem in den kühlen Monaten gern gegessen. Frischer Fisch wird überall angeboten, ist jedoch ausgesprochen teuer. Der Preis wird oft nach Gewicht berechnet. Man sollte beim Abwiegen dabei sein, um unangenehmen Überraschungen vorzubeugen. Wer all das nicht mag, findet natürlich überall Pizza und Spaghetti, Hamburger und Gyros.

Das griechische Frühstück ist an sich recht kärglich, doch haben sich die großen Hotels auf mitteleuropäische Gewohnheiten eingestellt und bieten häufig Frühstücksbüfetts. In den Badeorten kann man außerdem den ganzen Tag über in Cafés und Tavernen ein englisches Frühstück oder Joghurt mit Honig bestellen; gute Snacks sind auch *tirópitta* (Teigtasche mit Ziegenkäse) oder *bugátsa* (mit Griespudding oder Käse).

Türkische Küche

Eine preiswerte Alternative zur griechischen Küche bieten die Tavernen am Dorfplatz von Platáni. Hier kochen türkischstämmige Koer. Zahlreich sind die Kebabs; viele Gerichte werden mit Joghurt zubereitet. Kräuter und Gewürze werden intensiver benutzt als von den meisten griechischen Köchen.

Essen gehen

Die meisten Speiselokale auf Kos sind von 10 oder 12 Uhr bis Mitternacht durchgehend geöffnet. Griechen gehen spät essen: mittags oft erst gegen 14 Uhr, abends ab 21 Uhr. Getrennte Rechnungen für gemeinsam an einem Tisch sitzende Gäste sind in Griechenland ungewöhnlich; wer sie wünscht, gibt das besser schon bei der Bestellung an.

Auf Kos gibt es verschiedene Arten von Lokalen mit jeweils eigenen Bezeichnungen:

Estiatório: Restaurant europäischen Stils, große Auswahl.
Tavérna: Traditionelles Esslokal, meist einfach, aber stimmungsvoll eingerichtet. Die Psarotavérna hat sich auf Fisch spezialisiert.
Psistaría: Einfaches Grill-Lokal, manchmal nur eine Imbissbude.
Mezedopolío/Ouzerí: Originelle Vorspeisen und Tellergerichte in großer Auswahl. Man trinkt dazu bevorzugt den Anisschnaps *Oúzo*, der stilecht mit Wasser vermischt und dann leicht milchig wird.
Zacharoplastío: Konditorei, man erhält Kuchen und orientalisches Gebäck, etwa *lukumádes,* in Fett ausgebackene Teigbällchen, mit Honig und Sesam serviert.
Kafénio: Kaffeehaus, traditionell Treffpunkt der Männer, die hier Karten oder Távli (Backgammon) spielen. Gegen ausländische Besucherinnen hat man jedoch nichts einzuwenden. Es gibt Kaffee, Bier, Ouzo, Brandy, Softdrinks, Kakao und Tee, aber nichts zu essen.

Beim Kaffee verbringt der Grieche sein halbes Leben

Getränke

Cola, Limonaden und (auch deutsches) Bier aus Flaschen oder vom Fass sind überall erhältlich. Die Auswahl an Flaschenweinen aus ganz Griechenland ist groß; der koische Wein ist von minderer Qualität. Überall kann man auch Retsína kosten, einen mit dem Harz der Aleppo-Kiefer versetzten Weißwein. Will man Sprudelwasser, muss man *sóda* bestellen, *neró* ist Wasser ohne Kohlensäure.

Filterkaffee *(kafés fíltro)* gibt es nur selten. Statt dessen trinkt man löslichen Kaffee, der grundsätzlich *ness* genannt wird. Man bekommt ihn heiß *(sestó)* oder kalt und schaumig geschlagen *(frappé),* wahlweise mit oder ohne Milch *(mä gála oder chorís gála).*

Den griechischen Kaffee *(kafés ellinikós)* trinkt man immer ohne Milch. Bei der Bestellung muss man (wie auch beim *frappé)* den gewünschten Süßegrad angeben: *skétto:* ohne Zucker; *métrio:* mit etwas Zucker; *glikó:* süß.

Spezialitäten-Lexikon

békri mesé: Schweinegulasch mit kleingeschnittenen Paprikaschoten in einer würzigen Sauce
briám: eine Art Ratatouille aus verschiedenen Gemüsesorten
fáva: Püree aus gelben Erbsen, vermischt mit Zwiebeln und Olivenöl
juvétsi: Lamm- oder Rindfleisch mit reiskornförmigen Nudeln
kokorétsi: in Naturdarm gewickelte, am Spieß gegrillte Innereien
paputsákia: gefüllte Auberginen
revithókeftedes: eine Art Reibekuchen aus Kichererbsenmehl
stifádo: Rinder- oder Kaninchengulasch mit Gemüsezwiebeln in würziger Tomaten-Zimt-Sauce

Sport & Freizeit

Wassersport wird auf Kos groß geschrieben. Auch Radfahrer und Mountainbiker kommen auf ihre Kosten, ansonsten beschränken sich die sportlichen Angebote an Land auf die Tennisplätze der Hotels und drei Go-Kart-Bahnen.

Wassersport

Baden

Eine Art DLRG gibt es nur an besonders gut besuchten Stränden. Sonnenliegen und -schirme werden vor vielen Hotels, Tavernen und Beach Bars vermietet (Schirm plus zwei Liegen 4–6 € pro Tag).

Die meisten Hotels stehen jedoch da, wo die Strände am schlechtesten sind: bei Kardámena und der Stadt Kos. Viel besser sind die Strände von Kéfalos, Tigáki, Marmári und Mastichári. Völlig unverbaut ist der – allerdings durch Schwemmgut belastete – Sandstrand an der Nordküste im westlichen Inselteil. Nur ganz wenige Tavernen und Strandbars stehen am weitgehend sauberen, 16 km langen Sandstrand zwischen dem Paradise Beach und dem Golden Beach im Osten.

Banana & Co.

Sehr beliebt als Zeitvertreib am Meer ist mittlerweile Banana Riding (4–6 Leute auf einer Art Schlauchboot in Bananenform, das vom Schnellboot gezogen wird); Ringos nennt man Einzelsitzer, die ebenfalls in Gruppen zu 4–6 geschleppt werden. An vielen Stränden wird auch Wasser- und Jetskifahren angeboten (ca. 18–22 € pro 15 Min.). Wer es lieber gemächlich mag, kann Tretboote mieten (ca. 3,5–6 € pro Std.).

Segeln

Möglichkeiten zum Jollen- und Katamaransegeln bieten Wassersportzentren bei Marmári (6 Std. Grundkurs für ca. 35 €).

Charter-Jachten mit und ohne Skipper vermittelt *Istion,* Stadt Kos, Odós Alex. Diákou 6, Tel. 2242-022 195, Fax 2242-026 777, Mobiltelefon 694-392 932.

Surfen

Zum Windsurfen bieten sich für Anfänger die Reviere in der Bucht von Kéfalos und vor Tigáki, Marmári und Mastichári an. Gute, auch deutschsprachige Surfschulen findet man an der Bucht von Kéfalos sowie bei Mastichári und

Die schönsten Strände

Ágios Ioánnis Beach (E3): Palmstrohschirme auf schmalem Sandstrand, meist starke Brandung
Magic Beach (E5): Teil des 16 km langen Sandstrands im Südwesten, paradiesische Zustände
Troúlos Beach (F3): Östlich von Mastichári. Sand und Dünen, wenig Menschen und eine Strandbar wie aus Hippie-Zeiten

Auch für Anfänger ideal: Die Bucht von Kéfalos

Marmári (Grundkurs 6 Std. inkl. Prüfungsgebühr ca. 105 €). Gute Reviere für Könner sind dagegen die Westküste bei Ágios Theológos und der Strand bei Ágios Ioánnis an der Nordwestküste.

Tauchen
Das Gerätetauchen (Scuba) ist in den Gewässern um Kos nur in wenigen, genau definierten Bereichen und nur in Begleitung lizensierter Tauchlehrer gestattet. Damit will man die auf dem Meeresgrund vermuteten archäologischen Schätze schützen. Gut ausgerüstete Boote, die Tauchfahrten und -kurse anbieten, liegen abends im Mandráki-Hafen der Stadt Kos.

Sport an Land

Clubsport
Aerobic, Bogenschießen oder andere Clubsportarten werden in den Anlagen des Club Med, des Robinson Clubs, des Clubs Magic Life sowie im Marmári Beach Hotel angeboten. Nur Beach-Volleyball kann an vielen Stränden kostenlos gespielt werden.

Radfahren
In der Umgebung der Stadt Kos gibt es viele Radwege, die zwar nicht unbedingt sehr schön sind, aber die verschiedenen Strände gut erschließen. Weite Teile der Insel sind recht flach und daher einfach zu erkunden, selbst die Binnendörfer sind mit etwas Kondition leicht zu erreichen. Auch **Mountainbiking** ist möglich, die Zahl der möglichen Touren jedoch aufgrund der Inselgestalt beschränkt. Leihräder ab 4 € pro Tag; Mountainbikes ab 7 € pro Tag.

Tennis
Über Tennisplätze verfügen alle guten Strandhotels. Unterricht bieten mehrere Hotels (30 €/Std.).

Wandern & Reiten
Zum Wandern gibt es in Griechenland interessantere Inseln als Kos. Hier geht man eher spazieren; anspruchsvoller ist nur die Besteigung des Díkeos, des höchsten Inselberges (s. S. 76). Markierte Wege und gute Wanderkarten fehlen jedoch. Pferde für stundenweise geführte Ausritte vermieten die Reitställe bei Marmári (s. S. 64) und bei Pilí (s. S. 70).

Sprachführer

Viele Koer sprechen sehr gut Englisch, alte Leute meist Italienisch. Hotelpersonal, Wirte und Kellner können meist soviel Deutsch, wie es für ihren Beruf nötig ist. Ein Kos-Urlaub ist aber eine gute Gelegenheit, das griechische Alphabet zu lernen. Wichtig ist die richtige Betonung der Silbe, die einen Akzent trägt. Vokale sind immer kurz und offen auszusprechen.

Das griechische Alphabet

groß	klein	Aussprache	Umschrift
Α	α	**a**	/ a
Β	β	**w**	/ v (w)
Γ	γ	**j** vor I und E, sonst wie weiches **g**	/ g (j, y) / g (gh)
Δ	δ	wie im Engl. ›**th**e‹	/ d (dh)
Ε	ε	**ä**	/ e (ä)
Ζ	ζ	**s**	/ z (s)
Η	η	**i**	/ i
Θ	θ	wie im Engl. ›**th**anks‹	/ th
Ι	ι	**i**, vor A wie **j**	/ i (j)
Κ	κ	**k**	/ k
Λ	λ	**l**	/ l
Μ	μ	**m**	/ m
Ν	ν	**n**	/ n
Ξ	ξ	**x**	/ x (ks)
Ο	ο	wie in ›**o**ft‹	/ o
Π	π	**p**	/ p
Ρ	ρ	**r** gerollt wie im Italienischen	/ r
Σ	σ	wie in ›Ta**ss**e‹	/ ss (s)
Τ	τ	**t**	/ t
Υ	υ	**i**; nach A und E wie **w** vor stimmhaftem Konsonant, wie **f** vor stimmlosem	/ y (i) / w (v) / f (v)
Φ	φ	**f**	/ f (ph)
Χ	χ	wie in ›i**ch**‹ vor Konsonanten und dunklen Vokalen; wie in ›a**ch**‹ vor hellen Vokalen	/ ch
Ψ	ψ	**ps**	/ ps
Ω	ω	wie in ›**o**ft‹	/ o

Buchstabenkombinationen

ΑΙ	αι	**ä**	/ e (ä)
ΓΓ	γγ	**ng**	/ ng
ΕΙ	ει	**ie**	/ i
ΜΠ	μπ	**b** im Anlaut **mb** im Wort	/ b / mb
ΝΤ	ντ	**d** im Anlaut; **nd** im Wort	/ d / nd (nt)
ΟΙ	οι	**i**	/ i
ΟΥ	ου	**u**	/ ou (u)
ΤΖ	τξ	**ds**	/ tz (ds)

Nützliche Worte

Guten Tag!	Kalí méra!
Guten Abend!	Kalí spéra!
Gute Nacht!	Kalí níchta!
Hallo! (per du)	Jássu!
Hallo! (per Sie oder mehrere)	Jássas!
Auf Wiedersehen!	Adío!
Bitte!	Parakaló!
Danke!	Efcharistó!
Entschuldigung!	Singnómi!
ja/jawohl	nä/málista
nein	óchi
Es gefällt mir (nicht) gut/schlecht	(den) maréssi kaló/kakó

Die wichtigsten Sätze

Auskünfte

Gibt es...?	échi...?
Wo ist...?	pu íne...?
Wie spät ist es?	ti óra íne?
Wieviel kostet das?	pósso káni aftó?
Was wünschen Sie?	ti théle-te?
Wo ist die Toilette, bitte?	pú íne tualétta parakaló?

Unterkunft

Haben sie ein freies Zimmer?	échete éna eléfthero domátio?
... für eine Nacht	... ja éna vrádi

Unterwegs

Hafen/Schiff	limáni/karáwi
Station/Bus	stathmós/leoforío
Motorrad/Auto	motosikléta/aftokínito
Wann fährt er/es ab?	póte thá féwji?
Wieviele Kilometer bis...?	póssa chiliómetra sto...?
Wo fährt der Bus nach...?	pú féwji tó leoforío já...?
Wann fährt der letzte Bus nach...?	póte féwji tó tleftéo leoforió já...?
Ist das der Weg nach...?	íne aftós ó drómos já...?

Orientierung:

links	aristerá
rechts	deksjá
geradeaus	efthían
hinter, zurück	píso
weit	makría
nah	kondá

Tageszeiten:

Vormittag	proí
Mittag	mésimeri
Nachmittag	apógewma
Abend/Nacht	vrádi/níchta

Im Restaurant:

Speisekarte	katálogos
Rechnung	logarjasmó
Zahlen, bitte	pliróssomä, parakaló
eine Portion	mía merída
zwei Portionen	dío merídes
Wasser	näró
Brot	psomí
mit (ohne) Zucker	mä (chorís) záchari
mit Milch	mä gála

Zahlen: Die Eins zeigt man mit dem Zeigefinger, der Daumen kommt erst für die Fünf hinzu!

1	énas (männl.), mía (weibl.)
2	dío
3	tría, tris
4	téssera, tésseris
5	pénde
6	éksi
7	eftá
8	októ
9	ennéa
10	déka
11	éndeka
12	dódeka
13	dekatría
14	dekatéssera
20	íkossi
21	íkossi ena
30	triánda
40	saránda
50	penínda
60	eksínda
70	eftomínda
80	októnda
90	ennenínda
100	ekató
200	diakósja
300	triakósja
400	tetrakósja
500	pendakósja
600	eksakósja
700	eptakósja
800	oktakósja
900	ennjakósja
1000	chílja
2000	dío chiljádes
1 Mio.	éna ekatomírrio

Auskunft

Fremdenverkehrsämter

... in Deutschland
– 60311 Frankfurt/M.
Neue Mainzer Str. 22
Tel. 069/23 65 62, Fax 23 65 76
– 10789 Berlin
Wittenbergplatz 3A
Tel. 030/217 62 62, Fax 217 79 65
– 20354 Hamburg, Neuer Wall 18
Tel. 040/45 44 98, Fax 44 96 48
– 80333 München, Pacellistr. 2
Tel. 089/22 20 35, Fax 29 70 58
... in Österreich
– 1010 Wien, Opernring 8
Tel. 01/512 13 57, Fax 513 91 89
... in der Schweiz
– 8001 Zürich, Löwenstr. 25
Tel. 01/221 01 05, Fax 212 05 16

Information auf Kos
Die Städtische Tourist-Information in Kos arbeitet sehr effektiv. Hier erhalten Sie auch Informationen zu Linienbussen und besonderen Veranstaltungen. Adresse s. S. 58.

... im Internet
www.gnto.gr ist die Homepage des Griechischen Fremdenverkehrsamtes (englisch)
www.gtpnet.com gibt zuverlässig Auskunft über aktuelle Schiffsverbindungen in ganz Griechenland (englisch)
www.hippocrates.gr kommerzielle Site zu Kos (englisch)
Weitere Infos über die ›Reiselinks‹ unter www.dumontreise.de.

Reisezeit

Für einen Badeurlaub sind die Monate Mai bis September am besten geeignet. Auch im Oktober und November ist das Meer noch über 18° C warm, aber im Oktober muss man schon mit sechs, im November mit sieben Regentagen rechnen. Der regenreichste Monat ist mit 14 Regentagen der Januar. Schnee fällt auf Kos fast nie. Wer viel wandern oder radeln möchte, kommt am besten im Mai, wenn die Natur in Blüte steht. Keinen einzigen Regentag verzeichnet die Wetterstatistik zwischen Juni und August, wenn allerdings mit 30–33° C auch die höchsten Tagestemperaturen gemessen werden. Nachts sinkt das Thermometer zwischen Juni und September auf durchschnittlich 19–22° C ab, von Dezember bis März auf 7–9° C.

Einreise

Ein gültiger Personalausweis genügt. Kinder unter 16 Jahren müssen im Pass der Eltern eingetragen sein oder einen eigenen Kinderausweis (ab zehn Jahren mit Lichtbild) besitzen.

Bei der Einreise mit dem eigenen Fahrzeug sind nationaler Führerschein und Kraftfahrzeugschein vorzulegen. Die Mitnahme der Internationalen Grünen Vesicherungskarte wird empfohlen.

Für Hunde müssen mitgeführt werden: ein internationaler Impfausweis mit amtstierärztlichem Gesundheitszeugnis (max. 14 Tage alt) und eine Bescheinigung über erfolgte Tollwutimpfung (max. 12 Monate alt) in englischer oder französischer Sprache.
Zollbestimmungen: Für die Einfuhr von Waren zum persönlichen Gebrauch aus einem Mitgliedsland der EU gelten keine Mengenbegrenzungen.

Anreise

Mit dem Flugzeug

Im Charterverkehr wird Kos zwischen Ende April und Ende Oktober direkt von fast allen Charter-Flughäfen in den deutschsprachigen Ländern angeflogen. Direkte Linienverbindungen gibt es aber nicht. Die Flugzeit nach Kos beträgt ab Bremen und Hannover ca. 200 Min., ab München und Innsbruck ca. 165 Min.

Wer per Linie anreist, muss in Athen umsteigen. Von dort fliegt die griechische Olympic Airways mit Jets ganzjährig zwei- bis viermal täglich nach Kos.

Mietwagen werden am Flughafen bereit gestellt, wenn man sie vor der Anreise reserviert hat. Ein Bankschalter ist zu den Auslandsankünften meistens geöffnet, gleich daneben stehen ein Bargeld- und ein Geldscheinwechselautomat.

Nach der Ankunft: Der Flughafen liegt in der Inselmitte bei Antimáchia. Ein Flughafenbus verkehrt nur zu Ankünften und Abflügen von Maschinen der Olympic Airways zwischen dem Stadtbüro der Gesellschaft und dem Terminal (Fahrpreis 3 €). Linienbusse halten 250 m vom Terminal entfernt an der Inselhauptstraße von Antimáchia nach Kéfalos, fahren aber nur 3–4 x tgl. in Richtung Kéfalos und zur Stadt Kos. Individualreisende nehmen also besser eines der vielen vor dem Terminal wartenden Taxis. Die Fahrt in die Stadt Kos kostet etwa 15 €. Nimmt der Fahrer mehrere Fahrgäste mit, die nicht zusammengehören, zahlt jeder den vollen Preis für seine Strecke – das ist normal in Griechenland!

Mit der Fähre

Direkte Fährverbindungen zwischen Kos und Italien gibt es nicht. Wer mit dem eigenen Fahrzeug anreisen will, muss zunächst von Italien nach Patras auf dem Peloponnes übersetzen, über Land nach Piräus weiterfahren und von dort eine der täglichen Fähren nach Kos nehmen.

Unterwegs auf Kos

Mit dem Bus

Linienbusse: Busse der Gesellschaft KTEL verbinden die Stadt Kos mit allen Ortschaften der Insel, Querverbindungen gibt es jedoch nicht. Der zentrale Busbahnhof liegt in der Stadt Kos in der Odós Kleopátras 7, Tel. 2242-022 292. Diese auf Kos ›Intercity-Busse‹ genannten Oldtimer des Straßenverkehrs sind das meistbenutzte und preiswerteste öffentliche Verkehrsmittel auf der Insel.

Für 1 km Busfahrt zahlt man etwa 6 Cent. So kostet z. B. die 42 km lange Fahrt von der Stadt Kos nach Kéfalos nur 2,60 €. Kinder unter 4 Jahren fahren kostenlos, Kinder unter 10 Jahren zahlen die Hälfte. Zehner- oder Wochenkarten gibt es nicht. Fahrkarten kauft man beim Schaffner im Bus. Hektographierte Fahrpläne sind am Busbahnhof oder bei der Tourist-Information erhältlich.

Stadtbusse der Gesellschaft D.E.A.S. verbinden das Stadtzentrum von Kos mit den Vororten und den Hotels entlang der Küste bis nach Lambí und Ágios Fokás und darüber hinaus bis Embrós Thérme. Auch Platáni und das

Asklipieion werden von den Stadtbussen bedient. Die Haltestellen sind der besseren Merkbarkeit wegen durchnummeriert. Fahrkarten kauft man im Büro der Gesellschaft im Rathaus am Mandráki-Hafen, Tel. 2242-026 272, und an Kiosken; auch viele Hotelrezeptionen halten Tickets bereit. Hektographierte Fahrpläne sind im Büro der Gesellschaft und bei der Tourist-Information erhältlich.

Mit dem Taxi

In der Stadt und in den Touristenzentren sind Taxen zahlreich. Sie können telefonisch gerufen, am Halteplatz bestiegen oder unterwegs durch Handzeichen angehalten werden. Man unterscheidet zwei Arten von Taxen: Das Taxi mit Taxameter und das ländliche Agoraion, in dem der Fahrpreis nach Kilometerzähler berechnet wird. Die Tarife sind die gleichen und relativ preiswert. Pro Kilometer zahlt man bei einfachen Fahrten ca. 40 Cent, bei Rundfahrten 23 Cent. Geringe Zuschläge werden für Fahrten vom Flughafen und Hafen, für Gepäck, für telefonische Bestellung sowie in der Weihnachts- und Osterzeit erhoben. Bei Fahrten zwischen 2 und 5 Uhr verdoppelt sich der Fahrpreis.

Mit Auto & Motorrad

Die Straßen auf Kos sind gut ausgebaut. Es gibt im Verkehrsverhalten der Griechen jedoch einige Besonderheiten, die man berücksichtigen sollte. Viele Griechen sind leidenschaftliche Kurvenschneider; weit rechts zu fahren und vor unübersichtlichen Kurven zu hupen ist überlebenswichtig. Standspuren werden, wo vorhanden, als Fahrspuren mitbenutzt. Beim Linksabbiegen von Landstraßen verlässt man sich nicht nur auf den Blinker, sondern benutzt zusätzlich seinen linken Arm wie einen Winker.

Internationale Vermieter reservieren **Leihwagen** vorab (Preisvergleich lohnt), aber auch in der Stadt und in allen Touristenzentren werden Mietautos in großer Zahl angeboten. Eine Besonderheit auf Kos sind die zahlreichen Cabrios. Auch Jeeps werden vermietet, sind jedoch teuer und nur selten wirklich notwendig.

Sonderangebote sind außer im August häufig, Rabatte auf Nachfrage leicht zu erzielen. Vollkaskoversicherung wird immer angeboten, deckt jedoch nie Schäden an den Reifen und an der Wagenunterseite ab. Das Mindestalter für Mieter ist meist 23, manchmal nur 21 Jahre. Einen Kleinwagen wie den Opel Corsa erhält man ab etwa 40 € pro Tag inkl. aller gefahrenen Kilometer, Steuern und Versicherung.

Mopeds und Motorräder werden in allen Urlaubsorten vemietet. Für Mopeds und Roller muss ein Auto-Führerschein vorgelegt werden, für Motorräder ein Führerschein der jeweiligen Klasse .

Verkehrsregeln: Zulässige Höchstgeschwindigkeit innerorts 50 km/h, auf Landstraßen 110 km/h (Motorräder nur 80 km/h). Promillegrenze 0,5. Anschnallpflicht auf den Vordersitzen, Helmpflicht für Moped- und Motorradfahrer. Die Bußgelder für Verkehrsvergehen sind drastisch. So zahlt man für falsches Parken etwa 50 €.

Tankstellen sind zahlreich, überall gibt es bleifreies Benzin. Auch Diesel ist erhältlich.

Fahrräder & Mountainbikes

Fahrräder und Mountainbikes werden in allen Urlaubsorten vermietet.

Organisierte Touren

Angeboten werden eine ganztägige Inselrundfahrt, der Besuch des Asklipieion und Bootsausflüge z. B. nach Kálimnos, Níssiros, Rhodos und Pátmos sowie nach Bodrum/Türkei.

Unterkünfte

Auf Kos werden ca. 65 000 Fremdenbetten vermietet. Hotels und Pensionen konzentrieren sich auf die Stadt Kos und ihre nähere Umgebung, auf Kardámena und die Kámbos-Ebene von Kéfalos sowie auf Tigáki, Marmári und Mastichári. Dadurch gibt es noch viele unverbaute Küstenabschnitte. In den Binnendörfern sind Unterkünfte Mangelware.

In allen Küstenorten werden außer Hotels und Pensionen auch Privatzimmer, Studios und Apartments angeboten. Stilvolle Hotels in historischen Häusern findet man leider nicht. Reservierungen sind nur notwendig, wenn man im Juli/Aug. reist oder in einem ganz bestimmten Quartier unterkommen will. In diesem Fall empfiehlt es sich, zumindest am Morgen des Ankunftstages anzurufen.

In jeder Art von Quartier vom Luxushotel bis zum Privatzimmer muss der Zimmerpreis im Zimmer und – wenn vorhanden – an der Rezeption aushängen. Die genannten Tarife sind staatlich genehmigt und dürfen nicht überschritten werden. Außerhalb der Saison bieten viele Vermieter weit unter Tarif liegende Preise an – insbesondere, wenn man länger als drei Nächte bleibt.

Hotels, Pensionen und Privatzimmer: Alle griechischen Beherbungsbetriebe werden vom Staat klassifiziert. Die Kategorien reichen von Luxus über A bis E hinunter: Sie sagen zwar etwas über Zimmergröße, Einrichtung und Zusatzangebote der Hotels aus, aber nichts über Erhaltungszustand und Service sowie nur ansatzweise etwas über den Preis. Frühstück ist nur in Hotels der höheren Kategorien im Preis inbegriffen, Halbpension bieten meist nur größere Strandhotels. Pensionen und Privatzimmer sind Kategorien von A bis C zugeordnet.

Zimmer, Studios und Apartments: Unterschieden wird zwischen *domátia* (Zimmern), *gazoniéres* (Zimmern mit Spüle, Kühlschrank und einfacher Kochgelegenheit) sowie *diamerísmata* (Apartments mit Vollküche). Die Preise sind in der Regel weitaus günstiger als für vergleichbare Hotelzimmer – und die Vermieter meist herzlicher.

Jugendherbergen gibt es auf Kos nicht.

Camping: Auf Kos gibt es nur einen Campingplatz, und zwar in Psalídi, etwa 2,5 km vom Stadtzentrum (s. S. 73).

Behinderte

Körperbehinderte können zwar mit Hilfsbereitschaft rechnen, doch fehlen spezielle Einrichtungen ganz. Sie sind immer auf eine Begleitperson angewiesen.

Orte v

Badeorte am Meer und Bauerndörfer abseits der Küsten, lange Sandstrände, archäologische Stätten und uralte Kirchen sowie interessante Ausflüge auf Nachbarinseln und in die Türkei, Unterkünfte für Individualreisende, die originellsten Tavernen und ausgefallene Spezialitäten, Discos und Music Clubs für Nachtschwärmer – dieser Führer zu einer der meist-

on A-Z

besuchten griechischen Inseln gibt Ihnen nützliche Tipps und ausgesuchte Adressen an die Hand, damit Ihr Urlaub zum Erlebnis wird! Und demjenigen, der auf Kos etwas Besonderes sehen möchte, dem seien die Extra-Touren empfohlen. Kos in kompakter, überschaubarer Form, für den, der viel sehen und nichts verpassen will…

Orte von A–Z

Alle interessanten Orte und ausgewählte touristische Highlights auf einen Blick – alphabetisch geordnet und anhand der Lage- bzw. Koordinatenangabe problemlos in der großen Extra-Karte zu finden.

Ágios Fokás

Lage: M3
Entfernung von Kos: 10 km

Ágios Fokás ist kein Ort, sondern besteht nur aus einem Hotel, einer Pension und einem Restaurant. Ein etwa 800 m langer, mit etwas Sand durchsetzter Kiesstrand zieht sich von hier bis zum niedrigen Kap Fokás, auf dem Soldaten in ihrem Wachhäuschen Tag und Nacht Wache schieben und die nur 7 km entfernten Türken beobachten. Dafür erhalten sie wie jeder Wehrpflichtige in Griechenland einen Monatssold von etwa 3 €, sind also auf Unterstützung durch ihre Familie oder Freunde angewiesen. Damit jeder weiß, dass Kos griechisch ist, mussten sie zudem aus weiß und blau gestrichenen Steinen eine Flagge am nordöstlichen Hang des Kaps legen.

Ágios Fokás Beach: Zum Baden ein schönes Plätzchen, denn hier werden nur etwa zwei bis drei Dutzend Liegestühle vermietet, der Rest ist noch ganz naturbelassen.
Strand am Kap Ágios Fokás: Ein zweiter, schmalerer und völlig unerschlossener Kiesstrand zieht sich vom Kap Ágios Fokás in nördliche Richtung unter niedriger Steilküste entlang bis zum Hotel Okeanis in Psalídi.

Fokás Beach Café: Am Strand, 18 Zimmer, Tel. 0242-022 466, Mai bis Sept., günstig.
Einfache, ältere Zimmer in einem äußerlich wenig attraktiven, unverputzten Betonbau. Dafür sehr nette Wirtsleute; Inhaberin Christína Michaelídi spricht auch etwas Deutsch und Englisch.
Dimitra Beach: Direkt am Strand, 44 Zimmer und 90 Reihenbungalows, Tel. 2242-028 581/2, Fax 2242-028 495, April bis Okt., teuer.
Ältere, aber kürzlich erst renovierte Hotel- und Bungalowanlage mit schönem Garten. Vorteile sind die ruhige Lage, die Nähe zum Thermalbad Embrós Thérme und die gute Busverbindung in die Stadt. Meerwasser-Pool, Tennis, Fahrradverleih im Haus.

Esperides: Moderne Strandtaverne mit einer schönen, bambusgedeckten Terrasse; Liegestuhlvermietung vor der Taverne.

- Sightseeing
- Museum
- Baden
- Sport & Freizeit
- Ausflüge
- Information
- Hotels
- Restaurants
- Shopping
- Nightlife
- Feste
- Verkehr

Busverbindungen: Stadtbusse über Psalídi nach Kos etwa halbstündlich von 6.45–23 Uhr; Stadtbusse nach Embrós Thérme tagsüber etwa stündlich.

Antimáchia

Lage: E/F4
Einwohner: 2100
Entfernung von Kos: 23 km
Extra-Tour: 4, s. S. 90

Antimáchia ist noch völlig untouristisch. Das Dorf auf einem niedrigen Hochplateau in der Inselmitte ist stärker von der Landwirtschaft geprägt als viele andere Inselorte. Obwohl es ein sehenswertes Museum und eine historische Windmühle besitzt, ist man doch noch kaum auf Besucher eingestellt. Souvenirläden gibt es im Ort nicht, Tavernen und Kaffeehäuser kaum. Beachten Sie: Der Name wird ›Andimáchia‹ gesprochen!

Traditionelles Haus (Paradosiakó Spíti): Im Dorfzentrum gegenüber der Windmühle, tgl. 8–17 Uhr.

Nicht nur für Urlauber, sondern auch für die eigene Inseljugend hat der Kultur- und Verschönerungsverein von Antimáchia ein etwa 150 Jahre altes Haus restauriert und wieder traditionell eingerichtet. So können Sie hier sehen, wie eine koische Bauernfamilie in der ersten Hälfte des 20. Jh. lebte. Vor dem Haus stehend, ist linker Hand das *stamnostátis* aufgemauert, in dessen Nischen Wasserkrüge liegen. Sie zum Dorfbrunnen zu tragen, war Aufgabe der jungen Mädchen. Sie erledigten sie gern, gab ihnen der Gang zum Brunnen doch die seltene Gelegenheit, mit jungen Burschen Blicke und Scherze auszutauschen. Unter dem *stamnostátis* wurden die Hühner der Familie nachts zusammengepfercht.

Vom *stamnostátis* aus sieht man hinter dem Bauernhaus einen kleinen runden Bau. Darin zog die Besitzerfamilie früher alljährlich ein Schwein groß, das dann jeweils im Oktober oder kurz vor Weihnachten geschlachtet wurde. Das war immer ein großes Fest, zu dem die ganze Familie und viele Freunde eingeladen wurden.

Der Eingang rechts vom Hof führt in den Wirtschaftsraum mit

Webstuhl und Küche. Hier hat die Familie auch ihre Mahlzeiten gemeinsam eingenommen. Das eigentliche Wohnhaus besteht aus zwei Räumen und einem dahinter liegenden Stall, der ursprünglich nur von der Rückseite des Hauses aus zugänglich war und in dem Ziegen, Schafe und manchmal auch eine Kuh untergebracht waren. Außerdem lagerte man hier die landwirtschaftlichen Geräte und die traditionellen Kostüme, die man für den Karneval brauchte. Im linken Raum schliefen die männlichen Kinder der Familie, im rechten die Mädchen und die Eltern. Im linken Raum wurden auch die Gäste bewirtet. Unter den Schlafemporen bewahrte man Hausrat, Decken, Teppiche und Vorräte auf. Das gesamte Anwesen macht einen zwar bescheidenen, aber durchaus keinen ärmlichen Eindruck.

Dreht sich vielleicht bald wieder: die Mühle von Antimáchia

Windmühle: Im Ortszentrum an der Hauptstraße.
Vor dem Zweiten Weltkrieg drehten sich in und um Antimáchia über 100 Windmühlen; heute ist davon nur eine einzige noch halbwegs intakt erhalten. Im Sommer 2002 war sie leider nicht mehr zu besichtigen; die Gemeinde will sie aber restaurieren und dann wieder fürs Publikum öffnen. Die Mühle ist wahrscheinlich ungefähr 250 Jahre alt; bis ins Jahr 2000 wurde hier zumindest noch gelegentlich Korn gemahlen.

Kastell von Antimáchia: 3 km außerhalb des Ortes, von der Hauptstraße Kos-Antimáchia aus ausgeschildert, ständig frei zugänglich.
Um den vielen Bauern auf der fruchtbaren Ebene von Antimáchia bei Gefahr Schutz gewähren zu können, erbauten die Venezianer im 13. Jh. ein großes Kastell am Rande der Felder. Die Johanniterritter bauten sie noch aus, um gegen die wachsende türkische Bedrohung gefeit zu sein. Die Außenmauern mit ihren Zinnen sind gut erhalten, das Doppeltor trägt noch das Wappen des Ordensgroßmeisters Pierre d'Aubusson aus dem Jahr 1494. Das Innere der Burg hat sich jedoch die Natur zurückerobert. Nur einige Zisternen und zwei kleine Kapellen sind noch halbwegs intakt.

Die erste am Wegesrand ist dem hl. Nikolaus geweiht und wurde 1520 im Auftrag von drei Rittern erbaut, deren Wappen über dem Eingang zu erkennen sind. Im Inneren ist ein Fresko mit einer Darstellung des hl. Christo-

Antimáchia: im Kafénio treffen sich die Männer des Dorfes

phoros erhalten. Die zweite Kirche gehört der hl. Paraskeví, einer zypriotischen Märtyrerin, der vor ihrer Ermordung die Augen ausgestochen wurden. Deswegen trägt sie auf ihren Ikonen ein Augenpaar auf einem silbernen Teller in Händen. Sie gilt heute als Schutzheilige der Augenkranken; ein Gottesdienst findet für sie in dieser Kapelle noch alljährlich am Morgen des 26. Juli statt.

Wald von Pláka (Dásos Plákas): 3 km nordwestlich des Ortes: zunächst etwa 1 km auf der Hauptstraße in Richtung Kéfalos fahren, dann nach Umrundung des nördlichen Flughafenendes an einer Kapelle mit blauem Dach auf eine nicht ausgeschilderte Asphaltstraße nach rechts abbiegen. Der Kiefern- und Pinienwald an den Ufern eines ganzjährig Wasser führenden Baches ist ein beliebtes Ausflugsziel der Einheimischen. Vor allem an Sonn- und Feiertagen kommen Familien und Freundeskreise hierher, um zu grillen, zu feiern und vielleicht auch zehn Minuten spazieren zu gehen.

Castle: An der Zufahrtsstraße zum Kastell, tgl. ab 10 Uhr.
Einfache, familiäre Taverne mit Durchschnittsessen, aber besonders schönem Blick auf die Zinnen der Burg.

Kirchweihfeste: Mit griechischer Live-Musik und Tanz am Abend des Pfingstsonntags, am 29. Juli und am 14. Aug. Am 15. Sept. Kirchweihfest an der Kapelle Ágios Nikítas mit kostenlosem Ziegensuppenessen und Weinausschank.

Faschingssonntag: Buntes Karnevalstreiben, bei dem zwar die meisten Dorfbewohner moderne Kostüme tragen, einige aber auch die alten *kókchala*, die traditionellen, wilden Kostüme aus Ziegenfellen und -köpfen.

Fernbusverbindungen mit der Stadt Kos Mo–Sa 6 x tgl., So 3 x tgl. Außerdem halten die Fernbusse nach Kardámena und Kéfalos am Ortsrand von Antimáchia.

Asfendioú

Lage: H/J3
Einwohner: 2800

Asfendioú ist kein Ort, sondern der Name einer Gemeinde, die aus fünf Dörfern besteht: Asómati, Evangelístria, Lagoúdi, Tigáki und Zipári. Auf Wegweisern in die Bergdörfer steht oft nicht der Name dieser Einzeldörfer, sondern nur der der Gemeinde. Beschreibungen jeweils unter dem Namen der Einzeldörfer.

Asklipieion

Lage: J2
Entfernung von Kos: 4 km

Auch Antikenmuffel sollten sich einen Besuch im Asklipieion auf keinen Fall entgehen lassen. Die Archäologen haben hier nicht nur wie anderswo gründlich gegraben und Bücher darüber geschrieben, sondern auch ans Publikum gedacht, Treppen ausgebessert, Säulen wieder aufgerichtet und Mauern ergänzt. So erhält auch ein absoluter Laie eine gute Vorstellung vom einstigen Aussehen dieses Heiligtums mit Kurortcharakter. Zudem liegt es traumhaft schön. Ein Wald aus Kiefern und Zypressen umhüllt es auf drei Seiten, lässt aber den Blick frei über die grüne Küstenebene auf die blaue Ägäis, die nahe Küste Kleinasiens und die griechischen Nachbarinseln Psérimos und Kálymnos.

Am Asklipieion haben die Menschen über Jahrhunderte hinweg gebaut. Als der berühmte Arzt Hippokrates auf Kos lebte und lehrte (469–377 v. Chr.), stand hier nur ein kleiner Tempel für Apollon, der außer als Gott des Lichts und der Schönen Künste auch als Gott der Heilkunst verehrt wurde. Erst nach dem Tod des Hippokrates legte man davor einen einfachen Altar an, um dem speziellen Heilgott Asklipios, den die Römer später Äskulap nannten, blutige Opfer darzubringen. Im späten 4. Jh., also bereits zu Lebzeiten Alexanders des Großen, begann die Entwicklung des Heiligtums zu seiner heute erkennbaren Form. Zunächst wurde dem Asklipios ein marmorner Tempel errichtet und der Altar durch einen schöneren aus Marmor ersetzt, dessen Dach ionische Säulen stützten. Unterhalb des Tempels legte man eine Terrasse mit einem prunkvollen Eingangstor und Säulengängen an, von der aus eine Freitreppe zum Tempel emporführte. Ein Jahrhundert später entstand auch die obere Terrasse, auf der nun ein großer dorischer Tempel errichtet wurde. Jetzt erhielt das Heiligtum seinen für die Zeit des Hellenismus typischen Schau-Charakter: Aus einer einfachen Kultstätte wurde eine repräsentative Anlage, geplant fürs menschliche Auge und ganz auf die Wirkung beim Betrachter angelegt. In römischer Zeit wurde ihr durch den Anbau von rein funktionalen Gebäuden wie der großen Thermenanlage etwas von ihrer Klarheit genommen. Erste Ausgrabungen im Asklipieion führte der deutsche Archäologe Rudolf Herzog 1902–05 durch. Italienische Archäologen setzten seine Arbeit in den 30er Jahren des 20. Jh. fort.

Ausgrabungen: Di–So 8.30–15 (Mai–Sept. bis 17.30) Uhr, Eintritt 3 €.
Einen guten ersten Eindruck können Sie sich verschaffen, wenn Sie

Seit über 2000 Jahren eine Attraktion: das Asklipieion

sich gleich nach dem Passieren der Eintrittskartenkontrolle in den Baumschatten stellen. Sie erkennen vor sich eine breite, moderne Treppe, die über 23 Stufen auf die erste Terrasse hinaufführt. Nach rechts versetzt, leiten zwei weitere Freitreppen auf die mittlere und die obere Terrasse hinauf.

Untere Terrasse: Auf der ersten Terrasse erheben sich links die noch hoch aufragenden Mauern der **römischen Thermen** (4); auf der zweiten Terrasse erblicken Sie die wieder aufgerichteten korinthischen Säulen des **Apollon-Tempels** (14) und die ebenfalls rekonstruierten ionischen Säulen des **Asklipios-Tempels** (9).

Gehen Sie die moderne Treppe hinauf zur ersten Terrasse, passieren Sie die Grundmauern eines nur noch in seinen Umrissen erkennbaren **Torbaus** (1) aus dem 3. Jh. v. Chr. (›Propylon‹). Stellen Sie sich dann unter die hohe Zypresse gleich rechts, erkennen Sie auf dem Boden die Grundmauern einer Säulenhalle, die die Terrasse auf drei Seiten umschloss. Sie gliederte sich in eine zum Hof hin offene **Wandelhalle** (2) und dahinter liegende, **geschlossene Räume** (3). Sie dienten vermutlich als Krankenzimmer, in denen die Heilungsuchenden von Familienmitgliedern oder mitgebrachten Sklaven versorgt wurden.

Auf der Südseite wird die unterste Terrasse von einer durch Arkaden und Statuennischen gegliederten Stützmauer für die mittlere Terrasse begrenzt. Die dritte Nische links der Freitreppe diente als **Brunnen** (5). Über dem Wasserausfluss ist ein etwa 20 cm hohes Relief zu erkennen. Es zeigt den antiken Hirtengott Pan, an seinen Hörnern und Ziegenfüßen leicht zu erkennen. Seine Handhaltung lässt vermuten, dass er wie einst üblich auf seiner Flöte, der Syrinx, spielte. Gleich rechts der Freitreppe fällt eine besonders aufwendig gearbeitete Nische auf, in der ein **Sockel mit griechischer Inschrift** (6) steht. Sie besagt, dass ein gewisser Caius Sterninius Xeophon aus Kos, Leibarzt des römischen Kaisers Claudius, die Nische und ein einst davorliegendes Tempelchen stiftete.

Mittlere Terrasse: Über die größtenteils von den italienischen Archäologen rekonstruierte **Freitreppe** (7) gelangen Sie auf die zweite Terrasse, die vor allem Kultbauten vorbehalten war. Rechts markieren zwei wiederaufgerichtete ionische Säulen den **Asklipios-Tempel** (8) aus dem frühen 3. Jh. v. Chr. (›Ionic Prostyle Temple of Asklepios‹). Sie erkennen seine Zweiteilung in Pronaos (Vorhalle) und Cella (Allerheiligstes). Vor der Südwand liegt eine in den Tempelboden eingelassene, mit Granitplatten verkleidete Kammer, in der der Tempelschatz aufbewahrt war. Südlich des Tempels schließen sich die mannshohen Mauern von **Priesterwohnungen** (9) aus römischer Zeit an.

Gehen Sie nun auf der mittleren Terrasse nach Osten, passieren Sie zunächst den aufgemauerten **Altar des Äskulap** (10). Altäre standen in der Antike nie im, sondern immer vor dem Tempel. An ihnen wurden die Tieropfer vollzogen, wurden die dem Gott zustehenden Teile der dargebrachten Hähne, Lämmer, Zicklein oder auch Stiere verbrannt. Der größte Teil der Opfertiere war jedoch zum Verzehr für die Priester und Pilger bestimmt.

Hinter dem Altar liegen auf dem Boden noch Überreste einer schönen steinernen **Kassettendecke** (11), die wohl aus einem der Tempel stammen. Darüber hinaus ist südlich davon eine halbkreisförmige **Exedra** (12) aus dem 3. Jh. zu erkennen, die zur Aufnahme von Statuen bestimmt war.

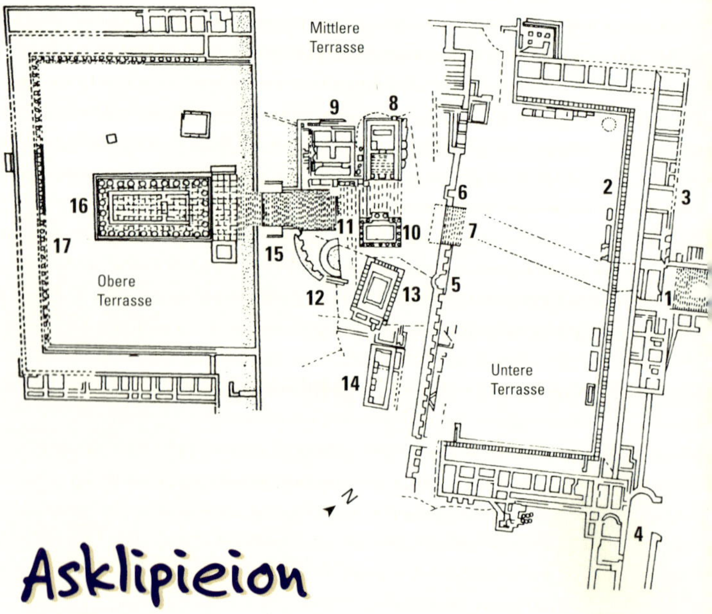

Da aalt man sich mit Wonne: Warmwasserpool von Embrós Thérme

Die sieben aufrecht stehenden Säulen mit einer römischen Variante des korinthischen Kapitells gehörten zu einem **Apollon-Tempel** (13) aus dem 2./3. Jh. (›Temple of the Roman age‹). Daran schloss sich weiter östlich ein Versammlungsraum für Priester, die **Leschi** (14), an.

Obere Terrasse: Gehen Sie die **Freitreppe** (15) auf die dritte Terrasse hinauf, stehen Sie unmittelbar vor einem **dorischen Tempel** (16), dem größten der gesamten Anlage. Er war dem Heilgott Asklipios geweiht und stammt aus dem 2. Jh. v. Chr. Pronaos und Cella waren ursprünglich von einer aus 30 dorischen Säulen gebildeten Ringhalle umgeben. In byzantinischer Zeit wurden seine Überreste als Kirche benutzt. Davon zeugt noch ein improvisierter Altar: Auf einen Säulenstumpf wurde ein antikes Kapitell gehievt, darauf eine antike Steinplatte gelegt. Umgewidmet wurde das heidnische Kapitell durch die vier eingemeißelten Buchstaben IC XC, die für den Namen Iesus Christos stehen. Auf drei Seiten war diese obere Terrasse wie die untere von **Säulenhallen** (17) umgeben, in denen sich Heilungsuchende zum Schlaf niederlegten. Sie hofften darauf, dass ihnen der Gott der Heilkunst im Traum erschiene. Den Traum erzählten sie dann den Priestern, die ihn deuteten und daraus zusammen mit den Ärzten des Heiligtums eine Diagnose und eine Therapie ableiteten.

Stadtbusverkehr nur bis Platáni. **Mini-Zug** nonstop zum Asklipieion ab Tourist-Information in Kos-Stadt.

Embrós Thérme

Lage: L3
Entfernung von Kos: 9 km

Den ungewöhnlichsten Badespaß auf Kos erleben Sie in der ›Vorderen Therme‹. Hier fließt 40° C heißes Wasser aus dem Fels ins Meer, das nach einer Analyse der

Technischen Universität München Heilungserfolge bei Hauterkrankungen, Entwicklungsstörungen im Kindesalter, Gefäß-, Augen-, Atemwegs- und Muskelerkrankungen ermöglicht. Viele Griechen und auch schon einige Ausländer kommen deswegen hierher zu einer Kur urgriechischer Art: Einen Badearzt gibt es ebensowenig wie ein Kurmittelhaus, eine Kurtaxe oder Kurkonzerte. Auf dem Kieselsteinstrand zieht man sich um und geht dann ins kleine, kreisrunde, aus Felsbrocken vom offenen Meer abgetrennte Becken mit einem Durchmesser von nur etwa 10 m, in dem sich das Thermal- mit dem Salzwasser mischt. Je näher man am Einfluss sitzt oder liegt, desto höher ist die Wassertemperatur.

Die Touristiker von Kos sind über Émbros Thérme nicht sonderlich glücklich, da die Kurgäste hier ja kein Geld fürs Badevergnügen bezahlen. Der Bau moderner Kureinrichtungen ist daher geplant, wird aber – Zeus sei Dank – wohl noch Jahre auf sich warten lassen.

Kieselsteinstrand: In einer winzigen Nachbarbucht kurz vor dem Thermalbecken werden einige Liegestühle und Sonnenschirme vermietet.

Kantína: Improvisierte Snack-Bar mit Tischen und Stühlen im Freien am Parkplatz, an dem der Feldweg hinunter zur Therme beginnt, tgl. ab 9 Uhr.
Thérma: Die alte Taverne gleich neben der Therme ist mit ihren großen, schattigen Terrassen ein angenehmer Platz, den v. a. die einheimischen Kurgäste schätzen. Die Küche zielt vor allem auf sie und bietet dementsprechend einfache, echt griechische Tavernenkost und frischen Fisch. Während der Saison tgl. ab 9 Uhr.

Busverbindung: Stadtbusse über Psalídi und Ágios Fokás etwa halbstündlich 6.45–17.45 Uhr. Je nach Saison und Wetterlage endet die Stadtbuslinie allerdings auch schon in Ágios Fokás; dann muss man die restlichen 3 km zu Fuß gehen.
Hinweis für Selbstfahrer: Von der improvisierten Snack-Bar an der Bushaltestelle aus führt ein steiler Feldweg hinunter bis unmittelbar an die Therme. Wenn man sehr vorsichtig fährt, kann man sich so zwar die letzten 400 m schattenlosen Fußwegs ersparen – doch wenn man nach 10 Uhr morgens kommt, findet man dort unten höchstwahrscheinlich keinen Parkplatz mehr. Es ist also besser, das Fahrzeug an der Bushaltestelle stehen zu lassen.

Evangelístria

Lage: H3
Entfernung von Kos: 14 km

Evangelístria ist ein Ortsteil der aus mehreren Weilern bestehenden Gemeinde Asfendioú. Am Kirchplatz stehen noch ein paar alte, eingeschossige Flachdachhäuser; außer der Kirche hat das Dorf nichts Sehenswertes zu bieten.

Kirche Evangelismós tis Theotókou: Am Kirchplatz, tagsüber geöffnet.
Die 1910 erbaute, Mariä Verkündigung geweihte Kirche wird seit 1987 mit Wandmalereien im traditionellen byzantinischen Stil ausgeschmückt.

Schwammverkäufer am Hafen von Kardámena

Evangelístria: Am Kirchplatz, tgl. ab 10 Uhr.
Einfache Grilltaverne mit Wein vom Fass; empfehlenswert die gegrillten Hühnchen als Mittagessen oder gegrillter Oktopus als typisch griechischer Appetithappen zu Wein und Oúzo.

Fernbusverbindungen wie Ziá, s. S. 77

Kardámena

Lage: G5
Entfernung von Kos: 30 km
Einwohner: 1450

An Kardámena scheiden sich die Geister. Alte Bausubstanz besitzt der 1865 neu gegründete Ort bis auf ein paar Windmühlenstümpfe in Ufernähe überhaupt nicht mehr; romantische Winkel fehlen völlig. Kardámena wird vom Massentourismus geprägt wie kein anderer Ort auf Kos; Englisch ist hier die allgemeine Umgangssprache, Griechisch liest man kaum. Die Kneipendichte ist noch höher als in der Stadt Kos, die Discos und Music Clubs sind fast ebenso zahlreich. In Kardámena ist nachts viel los, tagsüber gewinnt man einen ganz anderen Eindruck. Auf der langen, gänzlich auto- und mopedfreien Uferpromenade reiht sich Café an Café; meist kann man direkt am Hafenbecken sitzen, in dem Ausflugs-, Fischer- und Sportboote einträchtig nebeneinander liegen. Hinter der Hafenmole schweben Fallschirmgleiter am Himmel, in der Ferne ragt die Nachbarinsel Níssyros aus der Ägäis. Solch eine schöne Uferpromenade besitzt kein anderer Ort auf Kos.

Kirche Genésis tou Theotókou (Panagía): Im Dorfzentrum nahe der Busstation, tgl. ca. 7–13 und 17–18.30 Uhr.
Die Mariä Geburt geweihte Kirche mit ihrer blauen Kuppel scheint das einzig schöne Gebäude im Ort zu sein. Innen ist sie fast vollständig mit neuen Fresken im traditionellen Stil ausgemalt.

Ortsstrand: Die Sandstrände unmittelbar vor dem Ortskern sind meist überfüllt.
Weststrand: Westlich vom Ort erstreckt sich ein breiter Sandstrand bis über das Hotel Lagas Aegean Village hinaus.
Oststrand: Östlich ist der Strand schmaler, aber auch weniger frequentiert. Störend mögen die kleinen Bunker wirken, in denen die Griechen sich im Fall eines türkischen Angriffs verteidigen wollen.

Go-Kart-Bahn: An der Straße nach Pilí beim Abzweig zum Hotel Norída Beach, tgl. 10–15 und 17.30–23 Uhr.

Diese Muscheln sind natürlich nicht aus Griechenland, sondern aus Südostasien oder der Karibik. Viele Sorten fallen unter das internationale Artenschutzabkommen. Besser lässt man daher die Finger davon.

Fitness-Studio: Im Seva Hotel am nördlichen Ortsrand, Tagestickets für 7 €.
Tauchen: Täglich um 9.30 Uhr Ausfahrten mit den Taucherschiffen ›Arian‹ oder ‹Kouros‹. Man kann mehrtägige Tauchkurse buchen, aber auch einfach einmal einen Probetauchgang ohne Vorkenntnisse unternehmen. Auskunft und Anmeldung in vielen Reisebüros im Ort.
Wassersportstationen: Am Stadtstrand östlich und westlich des Hafens sowie an mehreren Stränden zu beiden Seiten der Stadt.

Bootsausflüge während der Saison nahezu täglich zur Nachbarinsel Níssyros und in die Stadt Kos; mindestens einmal wöchentlich auch ins türkische Bodrum.
Wanderung zum Kastell von Antimáchia: Von Kardámena kann man in etwa einer Stunde zur Burg hinaufwandern (s. S. 30).

Nur in den vielen privaten Reisebüros, z. B. J & D Travel, am Hauptplatz, Tel. 2242-091 516, Fax 2242-091 845, wo auch Schließfächer für Wertsachen gemietet werden können.

Lagas Aegean Village: 2 km westlich des Ortes, 328 Zimmer, Tel. 2242-091 401, Fax 2242-091 635, www.aegeanvillage.com, April bis Okt., Luxus.
Das weitläufige Hotel ist wie ein Dorf auf den Kykladen-Inseln am Hang eines niedrigen Hügels erbaut; die Häuser sind ganz in weiß und blau gehalten. Zum Strand geht man je nach Lage des Zimmers 100–400 m, innerhalb der Hotelanlage verkehrt rund um die

Wie zu Hause: in Kardámena ist für alles gesorgt

Uhr ein Hotelbus. Für Kinder zwischen 4 und 12 Jahren gibt es einen Mini-Club; vielerlei Sportarten können gegen Gebühr ausgeübt werden. In Vor- und Nachsaison steht auch ein Hallenbad zur Verfügung. Kreditkarten werden nicht akzeptiert. Leichte Störungen durch Fluglärm sind möglich!

Norída Beach Club: 6 km östlich des Ortes, 527 Zimmer, Tel. 2242-091 230, Fax 2242-091 580, April bis Okt. teuer.
Wer sein Plastikbändchen brav ums Handgelenk trägt, braucht hier für viele Getränke und fürs Essen nichts mehr zu bezahlen. Kinder bekommen Eis allerdings nur in Begleitung Erwachsener. Die Sportangebote können nur zum Teil kostenlos genutzt werden. Mehrmals täglich pendelt der Hotelbus zwischen Club und Kardámena.

Panórama: An der Uferpromenade östlich vom Hafen, 17 Zimmer, Tel. 2242-091 256, kein Fax, moderat.
Einfaches Hotel für Unternehmungslustige, die tagsüber gern sonnen und nachts auf die Rolle gehen. In der Nähe des Strands und der Discos; britische Wirtin.

Genesis: Am Platz hinter dem Sandstrand, ca. 200 m östlich des Hafens, tgl. 10–23 Uhr.
Hier können Sie mal die vielgeschmähte englische Küche kennenlernen und sich ein eigenes Urteil bilden: über Schweinebraten mit Apfelmus, Rinderbraten mit Yorkshire Pudding oder auch Shepherd's Pie zum Beispiel. Über 20 verschiedene Variationen von Jacket Potatoes gibt's außerdem.

Ta Adélfia: An der Straße in Richtung Lagas Aegean Village, kurz hinter der Brücke am westlichen Ortsrand, tgl. ab 16,30 Uhr.
Eines der ältesten und am ursprünglichsten gebliebenen Restaurants des Ortes. Den fehlenden Meerblick macht die Inhaberfamilie durch gute Küche und große Portionen zu günstigen Preisen wett. Das in Folie gebackene Lammfleisch Kléftiko ist ebenso zart wie der Lammbraten mit echt englischer Minz-Soße; die Pizzen

sind groß und perfekt. Die Speisekarte ist nur auf Griechisch und Englisch abgefasst.

Souvenirs: Kunsthandwerker sind hier nicht tätig. Man bekommt aber in großer Auswahl T-Shirts mit Aufdrucken (von komisch bis geschmacklos). Auch einfacher Modeschmuck ist in großer Auswahl erhältlich.

Cobblers Bar: Am Stadtstrand östlich des Hafens, tgl. ab 10 Uhr.
Das Pub für die etwas ältere Generation: Tgl. um 22 Uhr wird Bingo gespielt, um 24 Uhr folgt ein Quiz.
Flamingo Club: An der Parallelgasse zur Uferpromenade östlich der Platía, tgl. ab 21 Uhr.
Langer Tresen, Carwash, ABBA, Grease und Wham.
Jolly Roger: An der Uferpromenade, etwa 100 m östlich der Platía, tgl. ab 22 Uhr.
Garage, House, Drum 'n' Bass.
Music Pub Downtown By Tony: In der Parallelgasse zur Uferpromenade auf Höhe des östlichen Hafenanlegers, tgl. ab 21 Uhr.
Das Souterrain-Pub verspricht die verrücktesten Parties der Stadt. Los geht es meist mit Karaoke bis Mitternacht, danach kann bis 3.30 Uhr getanzt werden.
Night Fever: An der Parallelgasse zur Uferpromenade, östlich der Platía, tgl. ab 21 Uhr.
Musik der 60er bis 90er Jahre, allabendlich Karaoke-Wettbewerbe.
Status Disco Club: Nahe der Straße nach Antimáchia am nördlichen Ortsrand, tgl. ab 22 Uhr.
Außen post-, innen hochmodern gibt sich die heißeste Disco des Ortes. Für Kühlung sorgt nur die Air condition, unterm Sternenhimmel tanzen kann man hier nicht.
Zoom Club: An der Parallelgasse zur Uferpromenade östlich der Platía, tgl. ab 22 Uhr.
Während der ganzen Saison freitags Schaumpartys, in der Hauptsaison auch öfter.

Kirchweihfest der Mariengeburt: Am Abend des 7. Sept. zieht die Gemeinde nach dem Gottesdienst mit der Marienikone der Dorfkirche durch die Straßen des Ortes. Am Nachmittag des 8. Sept. wird dann auf dem Kirchplatz mit mitgebrachtem Essen, Wein und Ouzo sowie griechischer Live-Musik gefeiert und getanzt.

Busverbindung: Nach Antimáchia, Zipári und Kos werktags 7.50–17.10 Uhr 6 x tägl., zurück ab Kos 9.10–21 Uhr. Sonntags nur 3–4 Verbindungen 7.30–16 bzw. 9.10–17 Uhr.
Stadtbusverkehr tgl. 9–1.30 Uhr

etwa 11 x zwischen der Platía und dem Norida Beach Hotel sowie der Platía und dem Lagas Aegean Village Hotel.
Schiffsverbindungen: Kleine Personenfähre 2–3 x pro Woche nach Mandráki auf Níssyros.

Kéfalos

Lage: B6
Einwohner: 2300
Entfernung von Kos: 44 km
Extra-Tour: 1 und 4, s. S. 84, 90

Kéfalos ist das einzige Dorf im Westen der Insel. Es ist deutlich in zwei Teile gegliedert. Der alte Ort liegt hoch über der weit geschwungenen Bucht von Kéfalos am Rande der Halbinsel gleichen Namens. Sie fällt hier steil zu einer schmalen, sichelförmigen Küstenebene ab, die Kámbos genannt wird. Bis vor drei Jahrzehnten lagen dort unten nur die Felder der Kefalioten, bot der kleine Hafen Kamári den Fischerbooten Schutz. Die Ebene ist heute locker mit kleinen Hotels, Pensionen, Tavernen und Geschäften bebaut; dazwischen wird aber immer noch etwas Landwirtschaft betrieben. Im Bergdorf Kéfalos hingegen hat der Tourismus bisher kaum Fuß gefasst, geht das Leben weitgehend seinen althergebrachten Gang. Hier sitzen die älteren Frauen abends noch handarbeitend vor ihren Haustüren, die älteren Männer den ganzen Tag über dösend, diskutierend oder auch Távli und Karten spielend im Kafénio. Lastentragende Maultiere sind in Kéfalos häufiger zu sehen als anderswo auf der Insel; gelegentlich werden sogar noch Schweine oder Kühe durch die Dorfstraßen

Nur 1500 m breit ist die Landbrücke zur Kéfalos-Halbinsel

getrieben. Fremdenzimmer werden im Bergdorf offiziell gar nicht vermietet; einige Hotels stehen jedoch am steilen Hang zwischen Kéfalos und dem Kámbos.

Kéfalos ist ein geschichtsträchtiger Ort, erbaut über den Ruinen der ersten Inselhauptstadt Astypalaia. In ihr wurde 460 v. Chr. Hippokrates geboren, die Stadt Kos gab es damals noch nicht. 412 v. Chr. wurde die Siedlung durch ein Erdbeben stark zerstört. Die Koer beschlossen, ganz im Osten der Insel eine neue Stadt zu errichten, die sehr viel verkehrsgünstiger zu den großen griechischen Städten Kleinasiens gelegen war. dass Astypalaia aber weiterhin bestand, beweisen die Ruinen dreier frühchristlicher Basiliken aus dem 5./6. Jh.

Basilika Ágios Stéfanos: Am Strand westlich vom Club Med, Zufahrt von der Hauptstraße aus auf Höhe der Einfahrt in den Club. Frei zugänglich.
Wie die meisten Altertümer auf Kos wird auch diese besterhaltene Basilika der Insel nicht durch Zäune vom modernen Leben isoliert, sondern kann ins Urlaubstreiben mit einbezogen werden. Sonnenanbeter mit Geschichtsbewusstsein oder auch einfach nur Sinn für Romantik breiten ihre Handtücher inner- und unterhalb der alten Gemäuer aus, die nur wenige Schritte vom Meer entfernt stehen. Italienische Archäologen legten sie 1932 frei und richteten anschließend auch einige der zierlichen Granitsäulen der um 500 erbauten Kirche wieder auf. Einige davon sind allerdings inzwischen schon wieder umgefallen. Mehrere Mauern sind etwa brusthoch erhalten; noch deutlich zu erkennen ist das kreuzförmige Becken für die Erwachsenentaufe im unmittelbar nördlich an die Basilika anschließenden Baptisterium. In der halbrunden Apsis im Osten des Kirchenraums ist das für frühchristliche Basiliken typische Synthronon zu sehen, eine der Außenmauer vorgesetzte, halbrunde Sitzbank, auf der während des Gottesdienstes die Geistlichkeit Platz nahm. Der Boden der Basilika ist mit Mosaiken bedeckt, die jetzt zu ihrem Schutz allerdings unter einer Kiesschicht verborgen liegen.

Basilika Kamarioú: Am Hafen in der Kéfalos-Bucht die Straße neben der Taverne Faros landeinwärts gehen, bei der ersten Gelegenheit nach links und sofort wieder nach links auf den ansteigenden Weg einbiegen; frei einsehbar.
Nur für Basilikensammler lohnt der etwa 300 m lange Spaziergang zu den eingezäunten Resten einer weiteren frühchristlichen Kirche, von der gerade noch die Grundmauern der drei Schiffe und der Vorhalle zu erkennen sind.

Burgruine: Am Rande des Bergdorfes Kéfalos; bei Erreichen des Ortes nach rechts auf den Parkplatz abbiegen und dann die Straße noch etwa 100 m weiterfahren; ständig frei zugänglich.
Von der kleinen Burg am Steilabfall zur Kámbos-Ebene hin hatten die wachhabenden Johanniterritter den ganzen Inselwesten bis zum Díkeos-Massiv im Blick.

Insel Kastrí: Felsinsel in der Bucht von Kéfalos, nur ca. 90 m vom Ufer entfernt unmittelbar westlich der Ágios Stéfanos-Basilika, frei zugänglich.
Nicht die Insel, sondern der Weg dorthin ist das Erlebnis. Teils waten Sie brusttief im Wasser, teils müssen Sie schwimmen, dann

Das muss man gut angießen: am Camel Beach bei Kéfalos

sind Sie da. Die kleine Nikolaus-Kapelle am Ufer ist jedoch meist verschlossen, so dass Sie dem Schutzheiligen der Seefahrer nicht persönlich für die gelungene Überquerung danken können.

Kirche Isódia tis Theotókou: An der Hauptstraße im Ortskern des Bergdorfes Kéfalos, nur gelegentlich geöffnet.

Als die Kirche kurz nach 1873 erbaut wurde, gehörte Kos ebenso wie Ägypten noch zum Osmanischen Reich. Dadurch wird erklärlich, dass ein ägyptischer Vizekönig, der auf Kos zu Besuch weilte, dem Dorf das Geld für den Bau der Kirche schenkte. Die Wandmalereien in ihrem Inneren sind jedoch erst 110 Jahre später entstanden.

Small Basilica: Im Osten des Kéfalos-Strandes an der Straße vom Restaurant Ágios Stéfanos (dort Wegweiser) zum Strand, frei einsehbar.

Die kleinste der drei frühchristlichen Basiliken von Kéfalos. Zu sehen sind jedoch nur noch geringfügige Reste der Grundmauern.

Kéfalos Beach: Der Strand an der Kéfalos-Bucht reicht vom kleinen Hafen im Westen bis unter das Kap, das die Bucht gen Osten hin begrenzt. Zwischen Hafen und dem Bootsanleger in der Mitte der Bucht ist er schmal und mit Kies durchsetzt, östlich davon wird er breiter und sandig. Insgesamt ist er über 3 km lang. Sonnenschirme und -liegen werden an allen Abschnitten vermietet, Bars und Tavernen liegen teils direkt am Strand, teils dicht dahinter.

Katamaran-Segeln: Spezialist für diese Sportart ist der Flame Wim Vennemann, der mit seinem Team am Strand von Kámbos die Station Funnection betreibt. Meist sind seine Katamarane jedoch an Gäste vergeben, die in seiner Pension wohnen (s. S. 44).

Windsurfing: Unter Surfern gilt die Bucht von Kéfalos als ideales Speedrevier. Der Wind weht hier meist schräg ablandig und häufig um 2–3 Beaufort stärker als anderswo an den Küsten der Insel.

Nachmittags erreicht er oft 6, manchmal sogar 8 Beaufort. Im Uferbereich, 25–50 m vom Strand entfernt, ist er oft recht böig, legt dann aber kräftig zu und wird konstant. Diese idealen Verhältnisse nutzen mehrere Surfstationen, die auch Unterricht geben. Dazu zählt die deutschsprachige Station *Fun System,* deren Chef Jens Bartsch aus der Schweiz stammt. Auskunft: *Fun System,* im Sommer Tel./Fax 2242-071 727, im Winter Tel./Fax 0041/917/45 41 27. Gebuchte Reisen über:
Viva Sportreisen, Münchener Str. 37, 82131 Gauting, Tel. 089/893 23 00, Fax 89 32 30 20, www.VIVA-Sportreisen.de

Wohnen mit Panorama

Einsam auf dem Fels über dem östlichen Ende der Bucht von Ágios Stéfanos liegt das Apartmenthaus von Katerína und Diamándis Diamándis, die auch ausgezeichnet Deutsch sprechen. Das an der Straße von Kos her ausgeschilderte Haus hoch über dem Meer bietet seinen Gästen den besten Meerblick der Insel. Zum nächsten Strand geht man etwa 15 Min., zur nächsten Bushaltestelle 3 Min. 17 Apartments für bis zu 4 Pers., Tel. 2242-071 524, Fax 2242-071 524, April bis Okt., moderat.

Bootsausflüge: Zur Nachbarinsel Níssyros mehrmals wöchentlich vom Hafen oder vom Bootsanleger Skála aus. Dauer der Überfahrt ca. 50 Min., 16 €, Termine hängen in den Reisebüros aus. Tgl. Boote von Skála zum Paradise Beach um 10 und um 10.30 Uhr, Rückfahrt 16 und 17 Uhr.

Tourist-Information der Gemeinde in einem Kiosk an der Uferstraße in Skála nahe dem Anleger, Mo–Sa 9–13 und 18–21.30 Uhr.

Zeus: Im Kámbos, Ortsteil Skála, 53 Zimmer, Tel. 02 42-07 15 90, Fax 2242-071 570, Mai bis Okt., günstig.
Einfaches, dreigeschossiges Hotel, 200 m landeinwärts ruhig in der Küstenebene gelegen. Kleiner Süßwasser-Pool, freundlich-familiäre Atmosphäre.
Funnection: Am Kámbos-Strand nahe Skála, 7 Apartments für bis zu 4 Personen, Tel. 6945-509 622, Fax 2242-072 013, Mai bis Okt., moderat.
Normalerweise vermietet der Flame Wim Vennemann seine Apartments nur an Urlauber, die ein Pauschalarrangement inklusive Katamaransegeln bei ihm buchen. Bleiben Apartments frei, werden sie auch an andere Gäste vergeben. Vorteil: Das kleine Apartmenthaus liegt direkt am Strand.
Kamári Bay: Im Ortsteil Skála, 52 Zimmer, Tel. 2242-071 556, Fax 2242-071 534, Mai bis Okt., moderat.
Familiär geführtes, überwiegend von Briten bewohntes Hotel mit kleinem Pool und gemütlicher Bar, nur 50 m vom Strand entfernt. Wirt Jánnis spricht gut Englisch.
Pántheon: An der Straße, die von der Hauptstraße von Kos her

Rund um Kéfalos findet man kleine romantische Kapellen

nach rechts in Richtung Limiónas abzweigt. 27 Studios, Tel. 2242-071 900, Ostern bis Okt., moderat.
Das weithin sichtbare Haus mit Pool liegt ganz ruhig über dem Kámbos etwa 15 Gehminuten vom Strand. Alle Studios verfügen über einen Balkon mit Meerblick. Der gut Englisch sprechende Inhaber Bábis fährt seine meist britischen Gäste eigenhändig fünfmal täglich an den Strand hinunter und auch spätabends wieder zurück.
Hermes: An der Straße, die aus dem Kámbos nach Kéfalos hinaufführt. 50 Zimmer, Tel. 2242-071 102, Fax 2242-071 794, April bis Okt., teuer.
Den besonderen Reiz des Hauses macht seine Lage am Hang zwischen Küstenebene und Bergdorf aus, die beide bequem zu Fuß zu erreichen sind. Von der Poolterrasse aus schweift der Blick über die gesamte Bucht.

Fáros: Am Hafen von Kamári, tgl. ab 10 Uhr.
Alteingesessene, häufig auch von den Einheimischen besuchte Fischtaverne.
Katerína: Am östlichen Ende des Strandes von Ágios Stéfanos, tgl. ab 8 Uhr.
Sehr familiär geführte, preiswerte Taverne unmittelbar am Strand, die dort auch Liegestühle und Sonnenschirme vermietet. Preiswerte Fischgerichte.
Papandoníou: Am Dorfeingang aus Richtung Kámbos, tgl. ab 6 Uhr.
Traditionelles Kaffeehaus ohne Speisen. Hier treffen sich die Einheimischen zum Karten- und Távli-Spiel. Die Preise sind mit Kreide auf eine Tafel geschrieben, von der Decke hängen uralte Gaslampen, die bei Stromausfall die nackte Neonbeleuchtung ersetzen.
Stamatía: In Skála unmittelbar neben dem Anleger.
Schöne Terrasse über dem Strand. Frischer Fisch, der sonst meist nur nach Gewicht verkauft wird, ist hier auch portionsweise erhältlich.

Gemischtwarenhandlungen: Origineller als die Allerwelts-Souvenirgeschäfte an der Hauptstraße in der Küstenebene sind die alten Gemischtwarenhandlungen im Bergdorf Kéfalos.

Popeye's Bar: An der Hauptstraße in der Küstenebene, tgl. ab 17 Uhr.
Open Air Music Club mit Pool, Musik aus den letzten vier Jahrzehnten.

25./26. Juli: Kirchweihfest Agía Paraskeví an der gleichnamigen Kirche im Ortsteil Kamári.
14./15. August: Großes Kirchweihfest mit Musik und Tanz in Kéfalos.
28./29. August: Kirchweihfest im verlassenen Kloster Ágios Jánnis.

Busverbindungen: Von Kéfalos zum Paradise Beach und nach Kos werktags 7.30–18 Uhr 5 x tgl., So um 7.30, 10 und 16 Uhr. Von Kos nach Kéfalos werktags 9.10–21 Uhr 6 x tgl., So um 9.10, 13 und 17 Uhr.

Kos-Stadt

Lage: K/L1/2
Einwohner: 14 800
Extra-Tour: 1, s. S. 84

Kos ist eine reizvolle Kleinstadt, die Sie bequem zu Fuß erkunden können. Einen guten ersten Überblick gewinnen Sie von den Mauern der Burg Nerátzia am Mandráki-Hafen: Kos präsentiert sich als eine Stadt im Grünen zwischen der Ägäis und den bewaldeten Hängen, die sanft zum alpin gezackten Massiv des Díkeos hin ansteigen. Aus der Altstadt ragen Minarette und die blau überkuppelten Türme der Kirche Agía Paraskeví auf, die Uferpromenade am historischen Mandráki-Hafen wird von schattenspendenden Bäumen gesäumt.

Dieser Hafen bildet mit seinen vielen Straßencafés und Restaurants sowie einer Armada von Ausflugsbooten das touristische Herz der Stadt. Westlich schließen sich entlang der Küste die Strände der Stadtviertel Kritiká und Lambí mit intensivem Nightlife an, östlich der Burg geht der Stadtstrand in den von Psalídi über.

Zwischen dem Mandráki-Hafen und dem nördlichen Stadtrand mit seinen archäologischen Stätten erstreckt sich die Altstadt. Ein Großteil der historischen Gebäude aus der Ritter- und Türkenzeit wurde allerdings bei einem verheerenden Erdbeben am 23. April 1933 zerstört. 170 Menschen kamen dabei ums Leben.

Ältere türkische Häuser finden Sie überwiegend entlang der wichtigsten Altstadtachse, der Odós Ifestoú und der sie fortsetzenden Odós Apelloú. An diesen Gassen drängen sich die meisten Juweliere und Souvenirgeschäfte der Stadt, zwischen die immer wieder moderne Cafés und Restaurants eingestreut sind. Den Übergang zwischen Mandráki und Altstadtgassen bildet der große Freiheitsplatz, die Platía Eleftheriás. Ihr Bild bestimmen verspielte Bauten aus der italienischen Besatzungszeit, darunter die elegante Markthalle und das Archäologische Museum. Nachts liegt der Platz brach: Dann konzentriert sich alles Leben bis zum frühen Morgen auf das ›Bar Street‹ genannte Viertel zwischen Mandráki-Hafen und Agorá.

Agorá: Im Stadtzentrum, frei zugänglich.

Das schwere Erdbeben vom 23. April 1933 erwies sich für die italienischen Archäologen auf der Insel als Glücksfall. Die Häuser des mittelalterlichen Stadtzentrums wurden dabei so stark zerstört, dass die italienischen Behörden ihren Abriss befahlen. Unter der Chóra kam der Mittelpunkt der antiken Stadt zum Vorschein: die Agorá.

Agorá heißt bis heute im Griechischen ›Markt‹ oder ›Markthalle‹. In der Antike war eine Agorá noch mehr: Mittelpunkt des sozialen und öffentlichen Lebens einer Stadt, Rednerforum für Philosophen und Politiker, Sitz wichtiger Behörden, Standort von Tempeln und Heiligtümern. Auf der Agorá von Kos wurden die Liebesgöttin Aphrodite und der mythische Held Herakles (römisch: Herkules) verehrt. Eine 150 m lange und 28 m breite Säulenhalle bot den Marktbesuchern Schutz vor Sonne und Regen; unter ihrem Dach lagen Geschäfte und Schenken. Überreste dieser Bauten legten die Archäologen ebenso frei wie die Grundmauern einer frühchristlichen Basilika aus dem 5. Jh. und das Fundament eines mittelalterlichen Wehrturms.

Albergo Gelsomino: Odós Vassiléos Georgíou B' 1.
Das Gebäude, in dem heute die Tourist-Information der Insel untergebracht ist, würde auch nach Disneyland passen. Die Italiener ließen es 1929 als erstes Hotel der Stadt erbauen.

Alexander-Altar: Odós Tsaldári/ Ecke Odós El. Venizélou.
Das schlichte Denkmal in Form eines Altars, der von einem Baldachin bekrönt wird, verkündet ein äußerst modernes Programm. Auf vier Schrifttafeln ist ein Auszug aus einer Rede Alexanders des Großen zu lesen: im griechischen Original sowie in deutscher, englischer und französischer Übersetzung. Der makedonische König, der 334 v. Chr. aufbrach, Asien

Der berühmteste Baum Griechenlands: die Platane des Hippokrates vor der Loggienmoschee von Kos-Stadt. Gelehrt hat der berühmte Mediziner hier jedoch wahrscheinlich nicht.

Lambí
Kanari
Navarinou
Amerikis
Spetson
Themistokleous
Ydras
Salaminas
Bouboulinas
Veropoulou
Fashion Club
Akti
Alikarnasou
Aléxis
Pindou
Omirou
Akti Koundouriotou
Hafenpolizei
Kleovoulou
El. Venizelou
Theofrastou
31 Martiou
Argyrokastrou
Meg. Alexandrou
Feraiou
Rathau
Koritsas
Tsaldari
Archäologische Museum
Asklipieion, Kéfalos
Mosaik "Urteil des Páris"
Alexander-Altar
Kolokotroni
Defterdar-Moschee
Zaraftou
Nymphäum
Maria Karagiánni
Ifestou
Pl. Eleftherias
Agía Paraskeví
Apellou
Markthalle
Westliche Ausgrabungen
Grigoriou E'
Pissandrou
Fernbus-station
Xanthou
OTE
Mosaik "Entführung der Europa"
El. Venizelo
Odeon
Olympic-Airways
Vas. Pavlou
Maritina
Díonysos-Altar
Vironos
Casa Romana
Katholische Kirche
Grigoriou E'
Friedhof
Ágios Ioánnis
1 Ampávris
2 Anatolía Hamám
3 Beach Inn
4 Boomerang
5 Legend's American
6 Nick the Fisherman
7 Otto e Mezzo
8 Passage to India
9 To Special

Kos
0 250 500 750 1000 m
Kritiká Beach
3
Marina
Fähren & Türkeiverkehr
Burg Nerátzia
Hadji-Hassan-Moschee
Taxis
Palazzo di Giustizia
Rock Café
Hamam Club
Innergriechische Hydrofoils
Antike Agora
Albergo Gelsomino
Hospital
Akti Miaouli
Stadtstrand
Chalkonos
Artemisias
Vas. Georgiou
5
Kourouklí
Afendoúlis
Fenaretis
Orfeas Cinema
Marina
Evripidou
Charmilou
Psalídi, Ágios Fokás

und Ägypten zu erobern, der dabei bis nach Indien vordrang und ein Weltreich schuf, erklärt darin seine Motive. Er wollte durch seinen Krieg Frieden schaffen auf Erden und fordert nun all seine Untertanen auf, miteinander ohne Rücksicht auf Hautfarbe und Geburt harmonisch miteinander zu leben. Das Programm der Multikulturalität scheiterte jedoch: Nach seinem frühen Tod im Jahr 322 v. Chr. teilten seine Generäle das von Alexander geschaffene Reich in blutigen Kämpfen unter sich auf.

Archäologisches Museum:
Platía Eleftheriás,
Di–So 8–14.30 Uhr.
In vier Räumen und einem Atriumhof wird seit 1936 ein Teil dessen gezeigt, was italienische Archäologen in koischer Erde fanden (den besseren Teil, nämlich eine Vielzahl von farbigen Bodenmosaiken, brachten sie nach Rhodos, um den dortigen Großmeisterpalast auszuschmücken). Nur eins der Mosaike verblieb auf Kos und schmückt jetzt den Innenhof des Museums. Es zeigt die Ankunft des Asklipios auf der Insel. Der bärtige Gott der Heilkunst entsteigt gerade einem einfachen Kahn. Ein vorbeikommender Koer hebt die Hand zum Gruß, Hippokrates sitzt wartend vor einem teilweise ausgehöhlten Fels.

Bruchstücke eines zweiten Mosaiks aus der Casa Romana hängen an der Wand des Atriums. Sie zeigen besonders fein gearbeitete Fische und anderes Meeresgetier. Einige römische Statuen, die im Odeon gefunden wurden, stellen Artemis, die Göttin der Jagd, Asklipios und seine Tochter Hygeia dar. Als Musterbeispiel für den Spätstil der römischen Plastik kann eine Figurengruppe im Innenhof gelten: Der trunkene Dionysos, Gott des Theaters und des Weins, stützt sich mit einem leeren Becher in der Hand auf einen nackten Satyr aus seinem ständigen Gefolge und auf einen Weinstock, auf dem der ziegenfüßige, gehörnte Hirtengott Pan sitzt und Flöte spielt. Zu Füßen des Dionysos liebkost ein kleiner Eros ein wildes Tier. Man fand dieses Werk des späten 2. Jh. im Haus mit dem Mosaik der Europa.

Gehen Sie nun im Uhrzeigersinn durch das Museum, betreten Sie zunächst den großen Westsaal. Die meisten der hier ausgestellten Statuen stammen aus dem antiken Odeon. Von besonderem kulturhistorischen Interesse sind fünf hellenistische Frauenstatuen. Die Damen tragen die in der Antike weithin berühmtem ›koischen Gewänder‹ *(coae vestes):* hauchdünne Wildseidenstoffe, die kaum eine Körperrundung verbargen. Im runden Anbau des Westsaals steht, optisch besonders hervorgehoben, eine Statue des Hippokrates. Im Gegensatz zu den meisten anderen Statuen im Museum strahlt die Figur einen würdevollen Ernst aus und gilt deshalb als hellenistische Kopie eines antiken Meisterwerks aus dem 4. Jh. v. Chr.

Die hellenistischen Statuen im folgenden Nordsaal stellen u. a. die Göttin Demeter und ihre Tochter Kore dar, die Liebesgöttin Aphrodite, die Schicksalsgöttin Tyche und mehrere Nymphen. Von ihnen hebt sich die in einer Glasvitrine stehende Statue der Göttin Athena durch ihren dunklen Marmor deutlich ab. Sie gilt wiederum als Kopie einer klassischen Statue aus dem 4. Jh. v. Chr. Interessant ist auch eine Figurengruppe mit einem jungen Mann, der einen anderen auf dem Rücken trägt.

Tante-Emma-Laden auf griechisch: ein Kiosk in Kos-Stadt

Offenbar haben die beiden ein aus der antiken Literatur bekanntes Spiel gespielt, an dessen Ende der Verlierer den Sieger so herumtragen musste.

Im letzten Saal des Museums gewähren einige marmorne Beine pultähnlicher Stehtische einen Einblick in die Möblierung römischer Villen. Umstritten ist die Interpretation zweier Statuen der Artemis von Ephesos aus römischer Zeit. Zwischen Taille und Hals trägt die Göttin zahlreiche Gebilde, die manche Archäologen als Brüste, die meisten aber als Stierhoden interpretieren. Nach ihrer Meinung wurden der Artemis in ihrem berühmten Heiligtum in Ephesos Stiere als Opfer dargebracht, deren Hoden der Statue der Göttin dann als Fruchtbarkeitssymbole angeheftet wurden.

Burg Nerátzia: Zugang von der Platane des Hippokrates aus, Di–So 8–14.30 Uhr.

Der kleine Mandráki-Hafen diente den Koern schon in der Antike und in byzantinischer Zeit als Kriegs- und Handelshafen. Hier lagen auch die Galeeren der Johanniterritter. Um ihn zu schützen, bauten sie über älteren Festungsanlagen eine weitläufige Burg, die in zwei Phasen entstand. Gleich nach ihrer Ankunft im frühen 14. Jh. erbauten sie die heutige ›Innere Festung‹. Als die Bedrohung durch das Osmanische Reich wuchs, verstärkten sie sie Ende des 15. Jh. mit einem äußeren Mauerring. 1514 war er fertig, doch schon 1523 mussten die Ritter ihre Burg nach ihrer Niederlage auf Rhodos den Osmanen übergeben. Diese nutzten sie noch bis 1908 als Kaserne.

Sie betreten die Burg über eine Brücke, die eine von den Italienern angelegte Palmenallee überspannt. Noch in türkischer Zeit trennte an ihrer Stelle ein Wassergraben die Burg von der Stadt. Das Innere der Festung gleicht einem verwilderten Museumsgarten. Überall stehen und liegen antike Säulenteile zwischen den mittelalterlichen Gemäuern; besonders zahlreich sind mit steinernen Girlanden und Stierköpfen verzierte Votiv- und Grabaltäre aus hellenistischer Zeit. Wappen der Ordensgroßmeister, in deren Zeit an der Burg gearbeitet wurde, sind ebenso wie Reste antiker Bauten in die Mauern eingelassen – und überall setzen blühende Blumen bunte Farbtupfer. Über die Mauern hinweg ragen die Masten von Jachten und die Schornsteine von Fähren und Kreuzfahrtschiffen. Vom Mauerkranz aus reicht der Blick hinüber bis zur türkischen Küste mit ihren einförmigen modernen Urbanisationen.

Casa Romana: Odós Grigoríou E', Di–So 8–14.30 Uhr.
Wie wohlhabende Römer im antiken Kos lebten, zeigt die Casa Romana ausgesprochen anschaulich. Italienische Archäologen entdeckten das ›Römische Haus‹ 1934, rekonstruierten und überdachten es bis 1940. Die zahlreichen, einst mit Wandmalereien dekorierten oder mit Marmor verkleideten Räume des teilweise zweigeschossigen Baus gruppieren sich um drei Innenhöfe.

Unter dem ersten Innenhof (1) gleich gegenüber vom Eingang lag eine Zisterne, der Mosaikfußboden zeigt einen Panther und einen Löwen, die jeweils eine Antilope geschlagen haben. Der westlich daran anschließende Raum (2) ist mit Marmor gepflastert. Ein Mosaik in seiner Mitte zeigte Fische und andere Meerestiere. Im nächsten Raum (3) ist ein Teil der Wandmalereien gut erhalten; zu erkennen ist eine männliche Figur. Vorbei am Andron (4), ein den Männern des Hauses vorbehaltenem Raum, gelangen Sie in den größten der drei Innenhöfe (5). Hier ist die Kolonnade doppelstöckig. Unten stehen korinthische, darüber ionische Säulen. In einem der sich zu diesem Hof öffnenden Räume im Erdgeschoss ist ein Mosaik erhalten, das einen Tiger und einen Panther zeigt. Eine Treppe (6) führte ins Obergeschoss hinauf. Nahe dieser Treppe liegt das Triclinium (7), der Speisesaal. Er öffnet sich zum dritten Innenhof hin, der wiederum mit Mosaiken geschmückt ist. Sie erkennen zwei Leoparden, Delphine und mehrere Meeresnymphen.

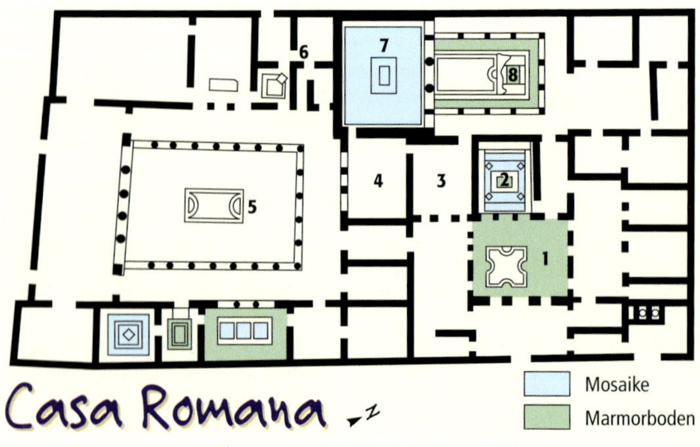

Zentralthermen: Unmittelbar im Osten der Casa Romana, über den gleichen Eingang von der Straße aus zugänglich.
Die Überreste der Zentralthermen des antiken Kos stammen aus dem 3. Jh. v. Chr. Von ihnen blieben zahlreiche niedrige Ziegelsteinpfeiler der antiken Fußbodenheizung erhalten. Die Fußböden der Warm- und Heißbaderäume ruhten auf diesen Pfeilern. Diese wiederum standen auf einem Boden aus Ziegelplatten, der sanft zu einem Heizofenraum hin abfiel. In diesem *praefurnium* genannten Raum wurde gut getrocknetes Holz oder Holzkohle verbrannt. Durch eine kaminartige Abzugsanlage wurde der dabei entstehende heiße Rauch langsam durch die Hypokausten genannten Hohlräume unter dem Fußboden und manchmal auch noch durch Röhren in den Wänden abgeleitet, so dass die Baderäume immer gut temperiert waren.
Defterdar-Moschee: Platía Eleftheriás.
Die 1725 erbaute Moschee gehört der islamischen Gemeinde von Kos, wird aber nicht mehr als Gebetsstätte, sondern für kleine Ladengeschäfte und ein schönes Café genutzt.
Dionysos-Altar: Odós Grigoríou E', frei zugänglich.
Auf einem unterhalb des heutigen Straßenniveaus gelegenen, völlig von oft stacheligen Pflanzen überwucherten Areal liegen ein paar antike Steinblöcke, die die Archäologen als Teile eines hellenistischen Heiligtums für den Gott Dionysos interpretieren. Wer sich die Stufen ins Gesträuch hinunterwagt, entdeckt dort auch Inschriftensteine und Säulenstümpfe und wird fasziniert sein vom Oleanderband, das das Gelände säumt.

Einst das Geschäftszentrum der antiken Stadt: die Agorá

Friedhofskirche Ágios Ioánnis: Odós Anapáfsos, Zufahrt an der Odós Grigoríou E' ausgeschildert.
Die alte Friedhofskirche, hinter der neueren Katholischen Kirche aus italienischer Besatzungszeit gelegen, ist uralt. Ihre Außenmauern bestehen zum Teil aus antiken Steinquadern, in der Apsismauer sind hellenistische Stierkopfreliefs als Schmuckelemente verbaut. Die Friedhofswärterin öffnet Besuchern die Tür zum Innenraum, der erstaunlicherweise völlig rund ist: Offenbar wurde die Kirche um eine noch ältere, ursprünglich als Taufkapelle genutzte Struktur herum gebaut.
Gerichtsgebäude: Zwischen der Platane des Hippokrates und der Uferstraße.
Der 1928 errichtete Palazzo di Giustizia der italienischen Faschisten

wird bis heute als Polizei- und Gerichtsgebäude genutzt. Gerichtsverhandlungen kann man hier auch als Ausländer ganz unauffällig beiwohnen: Die Türen des Gerichtssaals stehen an Verhandlungstagen immer offen, auf dem Flur davor stehen die Tische und Stühle eines jedermann zugänglichen Kafénio. Über dem Eingang zu Kaffeehaus und Gerichtssaal verkündet eine Inschrift: Legum Omnes Servi Sumus (›Wir sind alle Diener des Gesetzes‹).

Hadji-Hassan-Moschee (Loggienmoschee): An der Platane des Hippokrates.

Als islamisches Gebetshaus ist die 1765 erbaute Moschee nur durch ihr hohes Minarett zu erkennen; ansonsten gleicht sie mit ihren offenen Laubengängen eher einer oberitalienischen Loggia.

Kirche Agía Paraskeví: Platía Agías Paraskevís, tgl. 7–13 und 17–20 Uhr.

Das kleine Gotteshaus im Herzen der Altstadt ist zwar nicht die größte Kirche der Stadt, aber als Bischofskirche die am meisten besuchte und auch die interessanteste. Sie wurde bereits 1932/33 auf einer Terrasse oberhalb der Markthalle erbaut, aber erst zwischen 1984 und 1989 innen vollständig im traditionellen byzantinischen Stil ausgemalt. Wie heute überall in Griechenland üblich, spendete jeweils eine Familie das Geld für ein Bildfeld; ihr Name ist immer in der rechten unteren Ecke erwähnt.

Wandmalereien in orthodoxen Kirchen dienen nicht vorrangig als Schmuck oder als eine Art ›Armenbibel‹, anhand der Analphabeten die biblische Geschichte erklärt werden könnte, sondern haben eine theologische Aufgabe zu erfüllen. Sie bringen den Himmel auf Erden, bringen die irdische mit der himmlischen Gemeinde zusammen.

Die höchstgelegene Stelle im Kirchenraum, also die Kuppel, nimmt ein Bildnis Christi als Allesbeherrscher (Pantokrator) ein. Der Blick der Gemeinde aber ist nach vorn auf den Altarraum gerichtet, der von einer halbrunden Apsis abgeschlossen wird. Darin ist Maria als Gottesgebärerin (Theotokos) zu sehen, die zugleich auch die bedeutendste Fürbitterin der Menschen ist.

In der untersten Reihe der Wandmalereien sind Heilige zu sehen: Menschen, die der Gemeinde als Vorbild dienen sollen und die ihnen zugleich als Vermittler helfen können, dass Gebete erhört und Wünsche erfüllt werden. Darüber sind in zahlreichen Bildfeldern neutestamentarische Ereignisse präsent. Sie erzählen nicht nur biblische Geschichte, sondern machen Glaubensgrundsätze klar. Man betrachte nur einmal die Kreuzigungsszene im Tonnengewölbe. Da tropft das Blut aus den Fußwunden Jesu auf einen Totenschädel: den Schädel Adams, des ersten Menschen. Damit soll ausgesagt werden, dass durch den Tod Jesu am Kreuz die gesamte Menschheit vom Tod erlöst wird.

Odeon: Odós Grigoríou E', frei zugänglich.

Eine schöne Zypressenallee führt von der Straße schnurstracks auf das kleine römische Theater aus dem 2. Jh. zu, das gerade mit einem Aufwand von 420 000 € restauriert wird. Wenn die Arbeiten abgeschlossen sind, wird man hier auf einer der 14 steinernen, nun wieder mit Marmor verkleideten Sitzreihen Platz nehmen können, um wie in der Antike Konzerten oder auch einfach nur dem Zirpen der Zikaden zu lauschen.

Subtropische Blütenpracht: Bougainvillea an der Markthalle

Platane des Hippokrates: Platía Platanoú, frei zugänglich.
Die Legende will, dass der große Arzt Hippokrates persönlich die mächtige Platane auf dem Platz zwischen der Burg Nerátzia und der Hadji-Hassan-Moschee gepflanzt haben soll. Demnach wäre sie über 2400 Jahre alt. dass sie ein Methusalem unter den Bäumen der Insel ist, sieht man: Der Stamm ist völlig ausgehöhlt.

Die Zweige werden schon seit mindestens 150 Jahren von Eisenstangen, Marmorsäulen und sogar einem hellenistischen Votivaltar gestützt, tragen aber immer noch in jedem Sommer ein dichtes Blätterkleid. Das wirkliche Alter der Platane lässt sich nur schwer schätzen, da es ja keine Jahresringe mehr gibt; Biologen billigen ihr aber zumindest 2000 Lebensjahre zu. Dann könnte zumindest die lokale Tradition stimmen, nach der unter ihr der Apostel Paulus gepredigt haben soll.

Westliche Ausgrabungen: Odos Grigoríou E', frei zugänglich.
Das größte und interessanteste Ausgrabungsgelände der Stadt erstreckt sich zwischen Casa Romana und Odeon im Süden der Altstadt. Am besten besuchen Sie es im Anschluss an die Besichtung der Casa Romana. Stufen führen auf das unter dem heutigen Straßenniveau gelegene Areal hinab. Gleich an seinem östlichen Rand sind unter modernen Schutzdächern drei römische Bodenmosaiken zu sehen.

Eins der **Mosaike** zeigt zwei kämpfende Gladiatoren, die so berühmt waren, dass sie sogar namentlich benannt sind: Aigialos, Zephyros und Ylas. Gladiatoren wie sie waren manchmal Berufskämpfer, häufiger aber Kriegsgefangene, Sklaven oder zum Kämpfen begnadigte Verbrecher. Die Kämpfe gingen immer auf Leben und Tod; Verwundete konnten um Gnade bitten, hatten aber keinen Anspruch darauf. Das rechte Gladiatorenpaar Zephyros und Ylas zeigt zudem, dass die Bewaffnung höchst unterschiedlich sein konnte: Zeyphyros kämpft halbnackt

Beliebter Treffpunkt: der Kai des Mandráki-Hafens

mit Dreizack und Kurzschwert, während der nur mit einem Kurzschwert bewaffnete Ylas Rüstung, Helm und Schild trägt.

Das zweite Mosaik zeigt einen Jäger, der mit seinem Speer einen Eber erlegt. Das dritte illustriert die Entführung der phönizischen Königstochter Europa durch den griechischen Göttervater Zeus, der sich in einen Stier verwandelt hat, um ihr Zutrauen zu finden. Ein Knabe mit Fackel, offenbar ein Eros, führt den Stier, ein Delphin begleitet das ungleiche Paar an die Südküste Kretas, wo Zeus mit Europa den mythischen kretischen König Minos zeugen wird – den ersten namentlich bekannten Europäer der Weltgeschichte.

Gegenüber diesem Mosaik ist unter einem Schutzdach auch noch eine einzigartige römische Wandmalerei zu erkennen: ein antiker Briefträger. Die drei noch erkennbaren Buchstaben EXW gehören zu einer Inschrift, die besagte ›Ich eile zwölf Stunden‹.

Von den Mosaiken führt eine noch gut erkennbare, ursprünglich von **Säulenhallen** gesäumte antike Straße, der Decumanus, nach Westen. Sie stößt auf eine Querstraße, in deren Pflaster noch Wagenspuren auszumachen sind und die bereits Bürgersteige besaß.

Links dieser Straße standen die römischen **Westthermen,** von denen Mauerreste in beachtlicher Höhe sowie ein Gewölbebogen erhalten sind. In frühchristlicher Zeit errichtete man über ihren Ruinen eine Basilika mit noch gut sichtbarem Taufbecken.

Westlich der Thermen schloss sich eine langgestreckte **Säulenhalle** an. Von ihren einst 81 Säulen richteten die Archäologen 17 wieder auf. Sie war Teil einer Palästra, also einer Übungsstätte für Athleten.

Der eindrucksvollste Bau im Grabungsgelände ist das **Nymphäum** aus dem 3. Jh. v. Chr. östlich der antiken Straße. Durch eine Öffnung in den rekonstruierten Außenmauern kann man einen Blick in den fast maurisch anmutenden, auf drei Seiten von Säulen

umstandenen Innenhof werfen. Die vierte Seite wird von einer Mauer mit drei Nischen gebildet, vor denen drei Wasserbecken lagen. Der Boden des Innenhofes ist mit farbigen Mosaiken ausgelegt. Neben geometrischen Motiven zeigen sie Delphine.

Das schönste Mosaik in diesem Areal finden Sie dann an dessen äußersten südlichen Rand unter einem Schutzdach. Es zeigt neben Helden, die gegen einen Panther oder gegen wilde Eber kämpfen, auch die von Gott Apoll geführten neun Musen und den Gott Dionysos. Besonders schön wird das berühmte Urteil des Páris dargestellt. Zu sehen ist, wie der vom Botengott Hermes begleitete Páris (beide durch Namensinschrift zu identifizieren) der Aphrodite einen Apfel mit der Aufschrift ›Der Schönsten‹ überreicht.

Die Geschichte dazu: Die griechische Göttin Iris war erbost darüber, dass sie nicht zur Hochzeit des Helden Peleus eingeladen worden war. Als Göttin der Zwietracht wusste sie sich zu rächen. Sie warf den Apfel mit der Inschrift ›Der Schönsten‹ auf die Festtafel. Sofort gerieten die anwesenden Göttinnen Athena, Hera und Aphrodite untereinander in Streit, wem der Apfel gebühre. Ein junger Mann namens Páris wurde zum Schiedsrichter ernannt. Jede der Göttinnen versuchte ihn durch Versprechungen zu beeinflussen. Athena bot ihm Kriegsruhm, Hera Macht, Aphrodite die schönste aller irdischen Frauen als Gemahlin. Paris stimmte für Aphrodite.

Stadtstrände: Strände beginnen gleich am westlichen Ausgang des Mandráki-Hafens und auf Höhe des Albergho Gelsomino mit der Tourist-Information. Die Strände sind jedoch während der Saison sehr voll. Für einen beschaulichen Badetag ohne Gedränge fährt man besser anderswohin.

Fitness-Centre: David's Power Centre, Odós Kanári 4, Mo–Fr 10–22, Sa 10–21 Uhr. Wer sehen will, wie sich junge Griechen und Griechinnen fit halten, ist hier als Gast gern willkommen.

Mini Train: Spaß für Kinder. Täglich 10–14 und 18–22 Uhr startet vom Mandráki-Hafen aus ein Mini-Zug auf Gummirädern zu einer 20minütigen Stadtrundfahrt mit ›unterhaltlichem Charakter‹ (so die Werbeaussage des Veranstalters).

Tauchen: Vom Mandráki-Hafen aus kann man Tauchfahrten unternehmen (Auskunft auf den Tauchbooten abends zwischen ca. 19 und 22 Uhr).

Bootsausflüge: Tgl. nach **Níssyros** (s. S. 80), zu den Inseln **Psérimos und Kálymnos** (s. S. 78) und ins türkische **Bodrum** (s. S. 92).

Mit dem Tragflügelboot: Auf eigene Faust können Sie zwischen Mai und September an mehreren Tagen pro Woche Ausflüge mit schnellen Tragflügelbooten zur Insel **Pátmos** mit ihrem mittelalterlichen Johanneskloster und der Grotte der Apokalypse sowie zur Insel **Rhodos** unternehmen.

Bootstouren starten alle zwischen 9 und 10 Uhr und kehren gegen 18 Uhr zurück. Die Tragflügelboote brauchen von Kos nach Pátmos (bis zu 23 x pro Woche) je nach Zahl der Zwischenstopps auf anderen Inseln 1.50 bis 2.30 Std., nach Rhodos (bis zu 17 x pro Woche) 2 bis 2.30 Std.

Bustouren: Reisebüros bieten Bustouren zum Asklipieion (s. S. 32) und Inselrundfahrten mit Besuch von Kéfalos an.

Tourist-Information (Municipality of Kos Tourist Organization): Albergo Gelsomino, Odós Vasiléos Georgíou B' 1, Tel. 2242-028 724 und 2242-024 460, Fax 2242-021 111, Nov. bis April Mo–Fr 7.30–14.30 Uhr, Mai, Juni, Sept., Okt. tgl. 8–20 Uhr, Juli/Aug. tgl. 7.30–21 Uhr.

Olympic Airways: Leofóros Vas. Pavloú 22, Tel. 2242-028 331 und 2242-028 332.

Gottesdienste: Evangelisch So 10 Uhr, römisch-katholisch So 11 und 18 Uhr, jeweils in der Katholischen Kirche zwischen Odeon und Casa Romana.

Maria Karagiánni: Platía Diágoras, 6 Zimmer, Tel. 2242-024 548 und 0242-024 742, ganzjährig, günstig. Familiär geführte Privatpension an einem der schönsten Plätze der Altstadt.

Afendoúlis: Odós Evripílou 1, 23 Zimmer, Tel. 2242-025 321, Fax 2242-025 797, Ostern bis Okt., moderat. Kleines, sehr familiär geführtes Haus mit vielen Stammgästen aus aller Welt. Relativ ruhig etwa 100 m vom Strand und ca. 500 m vom Stadtzentrum entfernt gelegen. Die Inhaber, Ippokrátis und Aléxis Zíkas, stehen ihren Gästen nicht nur mit vielen guten Tipps

Globetrotter-Treff bei Aléxis

Aléxis Zíkas, der auch das Hotel Afendoúlis besitzt, betreibt zusammen mit seiner Schwester Sónia schon seit 1978 die stimmungsvolle Pension Aléxis in einer alten Villa mit schönem Garten. Auf der sehr kommunikationsfördernden Gemeinschaftsterrasse kann man sich auch sein eigenes Frühstück zubereiten. Hier steigen besonders gern Rucksackurlauber aus aller Welt ab. Die ganz verschiedenen Zimmer sind einfach, die Etagenduschen sauber. Wer sehr lärmempfindlich ist, sollte sich wegen gelegentlich vorbeifahrender Mopeds allerdings Ohropax mitbringen. Odós Irodótou 9, Ecke Odós Omiroú, Tel. 2242-028 798, Fax 2242-025 797, Ostern–Okt., 14 Zimmer, günstig.

und Auskünften zur Seite, sondern besorgen ihnen auch Schiffstickets und vermitteln ihnen preiswert Mopeds und Mietwagen.
Marína: Aktí Koundouriótou 33, 55 Zimmer, Tel. 2242-025 111, Fax 2242-025 266, ganzjährig, teuer.
Modernes Hotel direkt am Hafen; nur in den rückwärtig gelegenen Zimmern ist die Nachtruhe halbwegs gewährleistet. Pool hinterm Haus, auch von Einheimischen vielbesuchte Café-Terrasse auf der Hafenseite.
Maritína: Odós Virónos 19, 80 Zimmer, Tel. 2242-023 241, Fax 2242-026 124, ganzjährig, teuer.
Bestes Hotel in der Innenstadt; viele Zimmer zu einem ruhigen Innenhof hin gelegen.

Passt es so? Am Fischmarkt von Kos-Stadt

Anatolía Hamám: Odós Nissírou 3/Platía Diágoras, Altstadt, tgl. 10–24 Uhr.
Stilvolles (und teures) Restaurant in den Räumen eines alten türkischen Bades aus dem 16. Jh., von der ruhigen Terrasse blickt man ins Grüne. Erstklassige Weine, professioneller Service, mediterrane und moderne griechische Küche.
Ariston: Platía Eleftheriás, Altstadt, tgl. ab 7 Uhr.
In der kleinen Konditorei hinter dem Archäologischen Museum frühstücken Griechen gern warme Kuchen wie die mit Gries gefüllte *bougátsa* und den ganz ähnlichen *galaktoboúriko*.
Beach Inn: Odós Averóf 14, Kritiká-Viertel, tgl. ab 10 Uhr.
Das von einer holländischen Familie aus Twente sehr engagiert betriebene Lokal direkt am Strand nahe dem Hafen serviert neben Snacks, leckeren Kuchen und gutem Kaffee vor allem Pfannkuchen in sehr vielen Variationen.
Boomerang: Odós Mandilára 11, Koumboúrna-Viertel, tgl. 16–23 Uhr.
Wenn das Essen mal nicht griechisch sein soll, bieten die Greco-Australier Athanasíia und Michael australische Küche, eine gute Alternative. Besonders empfehlenswert sind ihre Steaks.
Never on Sunday/Poté tin kiriaki: Odós Pissándrou, Altstadt, tgl. ab 20 Uhr.
Die Speisekarte wird in dieser kleinen Gartentaverne per Hand in ein Schulheft geschrieben, die Kellner sind polyglott. Aus den Lautsprechern erklingt dezente griechische und klassische Musik, auf den Tisch kommen traditionelle griechische Gerichte. Nach 22.30 Uhr ist es meist sehr schwer, noch einen freien Tisch zu finden, weil dann viele griechische Gäste da sind.
Nick the Fisherman: Odós Averóf 21, Kritiká-Viertel, tgl. ab 12 Uhr.

Auch von Einheimischen geschätzte Fischtaverne, in der man aber leider direkt am Rand einer vielbefahrenen Straße sitzt.

Otto e Mezzo: Odós Apelloú 1, Altstadt, tgl. ab 12 Uhr.
Der Koch und seine Frau sind Italiener, die flotte Bedienung ist polyglott. Hier isst man gut italienisch: Nicht nur Pasta und Pizza, sondern auch Fleisch und Fisch. Leider aber recht teuer!

Passage to India: Odós Kanári 41, Kritiká-Viertel, tgl. ab 18 Uhr.
Authentische indische Küche, große Auswahl.

To Special: Odós Ipsándou 7, tgl. ab 11 Uhr.
Einfacher, günstiger Grillimbiss mit Lammfleisch-Gyros als Spezialität.

Agorá: Odós Iféstou 9, Altstadt, tgl. ab 10 Uhr.
Schmuckgeschäfte gibt es jede Menge in der Altstadt von Kos. Die aus Krefeld stammende Marlies Schopmanns und ihr Partner Vassílis Dimoúdis mögen das Protzige nicht, setzen auf schlichten Schmuck von guter Qualität. Die meisten ihrer Schmuckstücke arbeitet ein Vertrags-Goldschmied auf Kreta für sie. Ringe gibt es hier schon ab etwa 100 €.

Markthalle: Platía Eleftheriás, Mo–Fr 6–21, Sa 6–19, So 10–14 Uhr.
Ein lebhaftes Marktgeschehen und südländisches Flair kann die 1934 von den Italienern erbaute, kleine Markthalle nicht bieten. Wohlgeordnet werden hier in einem klimatisierten Raum außer frischem Obst vor allem kulinarische Souvenirs aus ganz Griechenland feilgeboten. Bezahlt wird an zwei Zentralkassen, ein Brunnen zum Abwaschen gekauften Obstes rundet das Bild guter Organisation ab.

Supermarket Marinópoulos: Außerhalb der Stadt, links an der Straße nach Zipári, Mo–Fr 8–22, Sa 8–16 Uhr.
In dieser Filiale einer der größten griechischen Supermarkt-Ketten kaufen preisbewusste Koer ein.

Taverne Ampávris

Diese wunderschöne Sommertaverne liegt im Garten eines alten Landhauses am südlichen Stadtrand und ist leicht zu erreichen, wenn man unmittelbar westlich der Casa Romana in die Odós Ampávris einbiegt, die an einem gut erhaltenen Aquädukt aus türkischer Zeit entlang nach Süden führt. Man sitzt unter Maulbeerbäumen im Freien. Statt aus der Standardkarte auszuwählen, fragt man besser den Wirt nach seinen aktuellen Mezé-Angeboten. Meist hat er etwa 30 verschiedene, tagesfrische Spezialitäten auf dem Programm. So bekommt man hier z. B. häufig Pligoúri, ein Püree aus Weizenschrot, Kichererbsen und Olivenöl – und im Juli auch Anthoús, mit Reis und Kräutern gefüllte Zucchiniblüten. Odós Ampávris, Tel. 2242-025 696, Mai–Okt. tgl. ab 18 Uhr.

Die Blues Brothers lassen grüßen: Restaurant in der Neustadt

Tattoo Kos: Odós Irodótou 8, Altstadt, Mo–Sa 12–22.30, So 17.30–22.30 Uhr.
Pete Hadley tätowiert professionell und macht Body Piercing.

Ti Amo: Odós Al. Ipsilandoú 4, Altstadt, und Odós El. Venizélou 11, Mo–Sa 9–13.30, 16–21 Uhr.
Die beiden Geschäfte bieten die größte Auswahl an CD's mit griechischer Musik jeder Art.

Fashion Club: Odós Kanári 2, am Hafen, tgl. ab 19 Uhr.
Die renommierteste Disco der Stadt. Vor 23 Uhr sitzt man draußen auf Terrassen an der Straße zwischen Bildschirmen, auf denen pausenlos Modeschauen laufen, danach geht's drinnen mit einer 90minütigen Laser-Show weiter. Happy Hour 19–22 Uhr.

Freilichtkino Orféas: Odós Vas. Georgíou/Ecke Odós Fenerétis, beim Stadion, Vorstellungen tgl. 20.30 oder 21 Uhr und 22.30 oder 23 Uhr.
Kino unterm Sternenhimmel – wo gibt es das in Deutschland schon? Und dass eine Bar dazu gehört, ist in Hellas ja wohl selbstverständlich. Alle Filme laufen in Originalversion, also zumeist in Englisch.

Hamam Club: Bar Street, gegenüber vom Taxistand, tgl. ab 20 Uhr.
Die einzige Inseldisco mit historischem Flair – in einem ehemaligen türkischen Bad. Statt auf großen Pisten tanzt man hier zwischen jahrhundertealten Natursteinwänden in winzig kleinen Badekammern – und der DJ legt nicht nur internationale Hits auf, sondern gern auch griechische Musik.

Heart Rock Café: Bar Street, Altstadt, tgl. ab 20 Uhr.
Bei sehr jungen Briten besonders beliebte Disco, in der meist mehr Mädchen als Gläser auf dem Tresen stehen (solange sie können). Gespielt werden überwiegend House und Groovy Garage. Happy Hour 20–23 Uhr.

Im August: Kulturfestival Ippokratía (s. S. 15).

Busverbindungen: s. S. 23 und jeweils bei den Zielen auf der Insel.

Lagoúdi

Lage: H3
Einwohner: 120
Entfernung von Kos: 17 km
Extra-Tour: 3, s. S. 88

Lagoúdi ist ein kleines, stilles Dorf abseits der touristischen Rennstrecken, das zur Großgemeinde Asfendioú gehört. Wer mit einem Fahrzeug unterwegs ist, parkt es am besten direkt unterhalb der Dorfkirche und bummelt von dort aus ein wenig durch den Ort.

Kirche Zoodóchos Pigís: Die leicht erhöht am Dorfrand gelegene Kirche ist mit Wandmalereien aus den Jahren 1995–97 geschmückt. Ein Bildfeld oben an der rechten Längswand erläutert den Kirchennamen, der übersetzt ›Lebensspendender Quell‹ bedeutet. Maria krönt einen Brunnen, zu dem Lahme und Blinde pilgern, um durch sein Wasser geheilt zu werden. Andere Fresken zeigen die Geburt Mariens (in einem Haus), Mariä Verkündigung und die Geburt Jesu (anders als im Westen üblich in einer Höhle) sowie Szenen der Passionsgeschichte, das Pfingstwunder und Christi Himmelfahrt. Jedes einzelne Bildfeld wurde wie oft in Griechenland üblich von verschiedenen Familien des Dorfes finanziert, deren Namen jeweils links oder rechts unten im Feld angegeben sind.

I Oréa Elláda: 50 m unterhalb der Kirche an dem Pfad gelegen, der links unterhalb der Kirche abwärts führt; tgl. ab 11 Uhr, Tel. 2242-069 004.
Die gut Deutsch sprechende Christina aus Belgien und ihr Mann Vangélis von der Insel Sálamis bei Athen nennen ihr in ganz Hellas einzigartiges Café ›Das schöne Griechenland‹. Bei ihnen ist es auf jeden Fall schön. Man sitzt auf einer kleinen Terrasse mit Panoramablick auf die Küste und das Meer, hört leise zumeist klassische Musik und trinkt dazu vielleicht eine *soumáda,* ein Erfrischungsgetränk aus Wasser und Mandelmilch. Den üppigen Garten ihres alten Anwesens haben Christina und Vangélis mit ländlichen Antiquitäten und Trödelkram vollgestellt, den man ebenso wie antiken Schmuck bei ihnen kaufen kann. Nach Vorbestellung kochen sie abends für ihre Gäste, zu denen viel einheimische Lokalprominenz gehört.

Paradosiakó Kafénio

Das urigste Kaffeehaus auf Kos: Der alte Jánnis liebt den Schatten und verbringt fast den ganzen Tag im Liegestuhl in seinem höhlenartigen Kafénio, in dem kaum mehr als zwölf Gäste Platz finden. An den Wänden hängen alte Wahlplakate, auf dem Tresen stehen Familienfotos, an einem Nagel sind amtliche Bekanntmachungen aufgespießt. Jánnis Spezialität ist die Kanneláda, ein Erfrischungsgetränk, das er selbst aus Zimtöl und Wasser herstellt. Am Parkplatz unterhalb der Kirche von Lagoúdi, meist tgl. ab 10 Uhr.

Wanderung: Wer mit dem Linienbus gekommen ist, kann von Lagoúdi auf einem schönen Feldweg abseits des Straßenverkehrs in etwa 45 Min. nach Tigáki wandern. Der Weg beginnt am Café Oréa Elláda nahe der Kirche; das Ziel ist nicht zu verfehlen.

Busverbindungen: Keine Linienbusverbindung. Man fährt bis Evangelístria oder Zía und geht von dort aus zu Fuß in etwa 15 Min. nach Lagoúdi.

Lambí

Lage: K1
Entfernung von Kos: 1,5 km (vom Mandráki-Hafen)

Lambí ist ein eingemeindeter Vorort nördlich der Inselhauptstadt Kos, der nur während der Touristensaison mit Leben erfüllt ist. Entlang der breiten, zum Kap Ammoudiá führenden Hauptstraße drängen sich Pubs und Bars, die kaum auf ein feingeistiges Publikum aus sind. Im Norden am Kap schlägt die Atmosphäre dann völlig um: Eine breite Straße mit breitem Radweg verläuft parallel zum kilometerlangen, über 10 m breiten Sandstrand, in dessen Hinterland nur noch vereinzelt Hotels und Pensionen stehen.

Lambí Beach: Am langen Strand herrscht meist nur wenig Betrieb. An mehreren Stellen bieten Tamarisken Schatten.

Wassersportstation: Am Strand.
Windsurfen, Wasserski und Paragliding. Vermietung von Kanus und Tretbooten.

Costa Angela: westlich vom Kap, 50 m von der Uferstraße landeinwärts, 43 Zimmer, Tel. 2242-025 800, Fax 2242-024 300, moderat.
Ganz ruhig in ländlicher Umgebung gelegenes, familiär geführtes Hotel mit Süßwasser-Pool, 5 km außerhalb der Stadt, Bushaltestelle vor der Tür.
Atlantis: Am Strand, 350 Zimmer und 50 Apartments, Tel. 2242-028 731, Fax 2242-023 844, teuer.
Weitläufige Anlage mit schönem Garten am Sandstrand, Süßwasser-Pool und ein (!) Tennisplatz.

Evkáliptos: Odós Lambís 120 (die Eukalyptusallee, die östlich des Kalaua Club vom Strand ortseinwärts führt)
Gepflegte Taverne mit großer Auswahl unter schattigen Bäumen.
Mylos: Mylos Beach, tgl. ab 11 Uhr.
Café-Bar um eine alte Windmühle direkt am Strand, gute Kleinigkeiten zum Oúzo, abends DJ.

Heaven Disco und Kalua Club: Lambí Beach, Aktí Ziroúdi, Ende Mai bis Ende Sept. tgl. ab ca. 22 Uhr.
Statt in klimatisierten Räumen sitzt und tanzt man in diesen beiden einander unmittelbar benachbarten Discos im Freien gleich gegenüber vom Strand.
Leei: Odós Kanári/Ecke Eukalyptusallee, tgl. ab 23 Uhr.
Music Club und Disco vom Typ einer Ellinádika, wo ausschließlich moderne griechische Musik aller Richtungen gespielt wird.

Stadtbusse: 6.30–23 Uhr alle 30–45 Minuten Busse ins Stadtzentrum von Kos.

Limiónas

Lage: B5
Entfernung von Kos: 42 km

Limiónas ist nicht mehr als ein kleiner, nüchterner Fischereischutzhafen, in dem nur wenige Boote liegen. Nicht seine beiden winzigen Strände, sondern die beiden Tavernen machen den besonderen Reiz des Fleckens aus.

Sandstrand: Am Hafen.
Am etwa 100 m langen, schmalen Sandstrand werden einige wenige Sonnenschirme und -liegen vermietet.
Kiesstrand: In der unmittelbar westlich gelegenen Bucht.
Der Strand ist naturbelassen und wird nur selten genutzt.

Limiónas: Am Hafen, tgl. ab 11 Uhr.
Wirt Jánnis, der auch etwas Deutsch spricht, bietet eine Vielzahl von Vorspeisen mit Fisch und Meeresfrüchten und präsentiert sein aktuelles Angebot an Fisch stilvoll auf großen Platten. Für eine große Auswahl sorgen drei Fischer, die er fest unter Vertrag hat. Von der Terrasse seines Lokals aus blickt man auf den Hafen und die Nordküste der Insel.
Miltos: Etwas erhöht am Hang über dem Hafen.
Wirt Míltos wirkt weniger professionell, die Atmosphäre ist familiärer. Die Preise sind niedriger, die Auswahl ist geringer. Dafür ist die Aussicht sehr viel besser: Von hier aus kann man auch die Sonne untergehen sehen.

Der Konkurrenzkampf zwischen den beiden Fischtavernen von Limiónas ist hart. Die am Hafen ist meist sehr gut besucht, die etwas erhöht am Hang gelegene sieht sehr viel weniger Gäste. Die Qualität des angebotenen Fischs ist jedoch in beiden gleich.

Marmári

Lage: G2
Einwohner: 60
Entfernung von Kos: 18 km

Marmári ist kein Ort, sondern nur eine Ansammlung von teilweise weit auseinander gelegenen Hotels und Pensionen. Die meisten Tavernen liegen entlang der 2 km langen Stichstraße von der Inselhauptstraße zum Strand. Wo sie ihn erreicht, ist ein winziges ›Ortszentrum‹ entstanden.

Sandstrand: Der lange Strand reicht von Marmári aus weit nach Westen und Osten; vor allem nach Westen hin wird er von niedrigen Dünen gesäumt.

Go-Karts: Christos Go-Karts Marmari, an der Straße von Marmári nach Tigáki, Tel. 2242-068 184, tgl. 9–23 Uhr.
Vermietet werden verschiedene Fahrzeugtypen, die z. T. recht hohe Spitzengeschwindigkeiten erreichen. Es gibt auch Go-Karts für Kinder ab drei Jahren. 10 Min. ca. 7,50 €, 20 Min. ca. 15 €.
Reiten: Salt Lake Riding Centre, Tel. 6944-104 446, nördlich der Straße von Marmári nach Tigáki, Bushaltestelle an Christos Go-Karts, von dort ausgeschildert, Mo–Fr 10–13, tgl. 16–20 Uhr.
Täglich einstündige, begleitete Strandritte (18 €), mehrmals in der Woche morgens längere Ausritte am Strand oder in die Berge (30–44 €).

Wassersportschule: Wassersport-Center Caravia Beach Hotel, östlich von Marmári, Tel./Fax 2242-041 926, Handy 6944-558 405. Über 90 Fanatic-Boards und 100 Riggs für alle Windstärken.

Tigaki Express: an der Stichstraße nahe dem Strand, Tel. 2242-041 666 und 2242-041 772. Privates Reisebüro, ein Ableger der Hauptstelle in Tigáki.

Captain's: Am Strand 200 m westlich des Ortszentrums, 6 Zimmer und 6 Studios, Tel./Fax 2242-041 431, ganzjährig, moderat.
Kleine Pension in einem großen Garten, ganz ruhig gelegen, nur durch die schmale, wenig befahrene Uferstraße vom Dünenstrand getrennt. Auf der großen Terrasse servieren die gut Englisch sprechenden Wirtsleute Kapitän Nikítas und seine Frau Antoúla Frühstück, Getränke und auf Wunsch auch ein Abendessen (Preis dafür unbedingt vorher erfragen).

Caravia Beach: 1 km östlich des Ortskerns, 298 Zimmer, Tel. 2242-041 291, Fax 2242-041 215, April bis Okt., Luxus.
Gute Adresse für Urlauber, die viel Wassersport treiben wollen, da direkt vor dem Hotel ein Overschmidt-Wassersportzentrum liegt. Außerdem gehören zum Hotel vier Tennisplätze mit Flutlicht. Ein kostenpflichtiger Hotelbus fährt mehrmals täglich nach Kos-Stadt.

O Apostólis: Links an der Hauptstraße in den Ort, tgl. ab 9 Uhr.
Drei Palmen und ein Schild mit der Aufschrift ›Griechisch Restaurant‹ markieren die Grilltaverne von Apostólis, die sich durch ihren ländlichen und familiären Charakter wohltuend von den Lokalen unten am Strand unterscheidet. Hier wird das Tzazíki noch selbst gemacht; Gemüse und Salate stammen zumindest zum Teil aus eigenem Anbau.
Dimítri: An der Kreuzung Hauptstraße/Straße nach Tigáki, tgl. ab 10 Uhr.

Jeder ein kleiner Schuhmacher: Go-Kart-Bahnen gibt es in Marmári und Psalídi

Gartentaverne, in der die Gäste auch noch in die Küche gehen dürfen, um sich ihr Mahl zusammenzustellen. Freundlicher, familiärer Service, der mit einem kostenlosen Oúzo nach dem Essen oder Weintrauben direkt vom Rebstock ausklingt.

Supermarket Constantinos: Links an der Hauptstraße in den Ort, Mo–Fr 8–22, Sa 8–16 Uhr.
Ein Supermarkt, der den Namen verdient. Neben Lebensmitteln werden auch Souvenirs, Haushaltswaren, Spielzeug und Textilien angeboten.

Musik-Café Dancing Insel: An der Hauptstraße, tgl. ab 20 Uhr.
Trio Bar: An der Hauptstraße, tgl. ab 19 Uhr, jeden So Rock Night.
Eine echte Disco gibt es in Marmári nicht. Gute Musik, zu der auch getanzt werden darf, bieten die beiden benachbarten Bars.

Busverbindungen: In die Stadt Kos werktags 9.25–22.25 Uhr 11 x tgl., Rückfahrten nach Marmári 9–23 Uhr. So 9.25–18.25 Uhr 7 x tgl. nach Kos, zurück 9–18 Uhr.

Mastichári

Lage: E3
Einwohner: 250
Entfernung von Kos: 24 km
Extra-Tour: 2, s. S. 86

Von den drei Badeorten an der Nordküste ist Mastichári der einzige mit einem kleinen, historisch gewachsenen Ortskern und der einzige der drei Orte mit einem Hafen. Viele Kos-Kenner halten zudem die Strände des Ortes für die schönsten an der Nordküste.

Basilika Ágios Ioánnis: 2 km westlich des Ortszentrums kurz vor dem Großhotel Achilléas Beach zwischen Strand und Straße, frei zugänglich vom Strand aus.
Von der frühchristlichen Basilika aus der Zeit um 500 blieben die Grundmauern und das Taufbecken gut erhalten; die Mosaike wurden zu ihrem Schutz wieder mit Kies bedeckt.
Kirche Ágios Geórgios Loízos: An der Straße von Kos nach Mastichári, 400 m hinter dem Wegweiser zum Hotelkomplex Neptun Village rechts von der Straße, frei zugänglich.
Die kleine, ganz weiß gekalkte Kapelle steht sehr fotogen neben einer breitkronigen Pinie. Sie wurde vor etwa 800 Jahren unter Verwendung antiker Steinquader und Säulenstümpfe errichtet.

Weststrand: Breiter Sandstrand, teilweise von alten Tamarisken beschattet.
Oststrand: Die niedrige Steilküste geht bald in ein langes Sandband über, das von teilweise begrünten Dünen begrenzt wird. Liegestühle und Sonnenschirme werden nur an einigen wenigen Abschnitten vermietet.

Wassersportzentren: vor den Großhotels Achilléas Beach 1 km westlich und Neptun Beach 5 km östlich des Hafens.

Insel Kálymnos: Wer in Mastichári wohnt, kann preiswert und ohne viele Umstände einen Tagesausflug auf eigene Faust in die Hauptstadt der Nach-

Hier spricht man auch Deutsch: Restaurant am Tam-Tam Beach

barinsel unternehmen. Fähre Mastichári–Póthia bis zu 4 x tgl., ca. 3 €/Person, Fahrzeit ca. 70 Min.

Mastichári Travel: An der Hauptstraße, Tel. 2242-051 292, Fax 2242-051 148. Privates Reisebüro.

Nektaria: an der Straße, die vom Hafen parallel zum Strand landeinwärts verläuft, Tel. 2242-059 059, kein Fax, günstig. Maria und Vassílis Skaléris vermieten fünf Studios mit Bad und Balkon und kümmern sich herzlich um ihre Gäste.

Sea Breeze: An der Uferstraße etwa 100 m östl. des Hafenplatzes, 20 Zimmer, Tel. 2242-059 171 und 2242-059 173, Fax 2242-059 172, moderat. Kleines Hotel mit familiärer Atmosphäre, gut für einen Kurzaufenthalt geeignet. Die Inhaber sprechen gut Englisch.

Mastichari Bay: 500 m östlich von Mastichári, 224 Zimmer, Tel. 2242-059 300, Fax 2242-059 307, www.masticharibay hotel.com, teuer. Architektonisch ansprechendes, überwiegend aus zweigeschossigen Bauten bestehendes Strandhotel, nur mit Halbpension zu buchen.

Neptun Beach: 5 km östlich von Mastichári direkt am Strand, 318 Zimmer, Tel. 2242-041 480, Fax 2242-041 574, www.neptune .gr, teuer. Großhotel mit vielen Sport- und Animationsangeboten, eigenes Wassersportzentrum und eigene Mountainbike-Station. Zimmer und Apartments für bis zu 4 Personen.

Tam-Tam: Am Strand zwischen dem Hotel Neptun Beach (2 km) und Mastichári Bay (3 km), tgl. 10–22.30 Uhr. Gepflegtes Tagesrestaurant mit Dünenterrasse und Meerblick, deutschsprachigen Wirtsleuten und gutem Essen, darunter frischer Fisch und leckere Pizza.

Traditional Greek House: Am Strand nördlich des Hafens, Zugang auch von der vom Hafen landeinwärts führenden Straße. Eine der besten Tavernen der Insel mit vielen koischen Spezialitäten.

Wirt Savas verwendet in der Küche fast nur Produkte von der Insel, oft von eigenen Verwandten hergestellt. So stammt der Joghurt aus der Käserei seines Schwagers. Spezialität des Hauses ist *tirí krassáto,* in Rotwein eingelegter Käse. Das Brot ist stets aus dem Steinofen in der Taverne.

Byblos Club: Etwa 1,5 km vom Hafen entfernt an der Straße nach Antimáchia.
Vollklimatisierte Disco, in der meist nur an Wochenenden Betrieb herrscht.
Number One Bar: Im Ortszentrum.
Gemütliche Bar mit schöner Terrasse, abends häufig auch Disco-Betrieb.

Busverbindungen: Nach Kos-Stadt werktags 8–17.20 Uhr 5 x tgl., zurück 9.10–21 Uhr. So 8–16.15 Uhr 4 x nach Kos, zurück 9.10–17 Uhr 3 x.

Paléo Pilí

Lage: H3
Entfernung von Kos: 20 km
Extra-Tour: 1 und 2, s. S. 84, 86

Eins der schönsten und unbekanntesten Ausflugsziele auf Kos ist das Geisterdorf Alt-Pilí an einem Fels am nördlichen Rand des Inselgebirges. Nach einer Choleraepidemie wurde es 1830 verlassen; ein Teil der Häuser, die Kirchen und die alles überragende Burg stehen aber noch. Für die Besichtigung sollten Sie mindestens 90 Min. einplanen – und noch mehr, wenn Sie dort oben in schönster Natur fernab der Touristenzentren ein Picknick einlegen wollen. Parken Sie dort, wo die Piste hinter der Taverne Old Pylí wieder ansteigt. Hier beginnt auch der gepflasterte Fußweg. Stabiles Schuhwerk ist nötig, um in der Burg und den Ruinen herumzukraxeln. Tipp: Taschenlampe mitnehmen, um die Freskenreste in den Kirchen besser erkennen zu können!

Burg: Die Burg wurde bereits im 11. Jh. von den Byzantinern erbaut; weit reicht der Blick von hier über die Küstenebene der Insel bis nach Kálymnos und zur kleinasiatischen Küste.
Kirche Ágios Antónios: Die zweite Kirche am Rand des gepflasterten Wegs fällt äußerlich gar nicht als Gotteshaus auf. In der Apsis ist ein Fresko zu erkennen, das die Apostelkommunion zeigt: Von beiden Seiten treten je sechs Apostel auf einen Altar mit Baldachin zu, an dem der zweimal dargestellte Christus Brot und Wein spendet.
Kirche Asómati Taxiárches Gavriíl ke Michaíl: In die unterste der drei Kirchen von Paléo Pilí fliegen Vögel ein und aus. An der rechten Seitenwand ist ein Fresko mit der Darstellung des Letzten Abendmahls zu erkennen.
Kirche Panagía ton Kastrianón: Die oberste Kirche wird als einzige noch gelegentlich für Gottesdienste genutzt. Auf dem Festplatz davor steht ein Grill, im Vorraum sind die Plastikstühle fürs jährliche Kirchweihfest gestapelt.

Old Pylí: An der Zufahrtsstraße zum Geisterdorf, tgl. 10–24 Uhr.
Wirt Geórgios Stavrópulos ist ein Original. Weitab von der Küste und jeder Ortschaft hat er am Rande der Berge eine Fischtaverne eröffnet, die bei Einheimischen

Bei The Mermaid in Pilí bekommt man schöne Keramik-Souvenirs

einen guten Namen hat. Geórgios fängt den größten Teil der Fische selbst; bei ihm kommt nur frische Ware auf den Tisch. Kalamáres verabscheut er, weil sie fast immer aus der Tiefkühltruhe kommen. Dafür schätzt er Wildkaninchen, die er nach Vorbestellung selbst jagt. Durch die zunehmende Popularität seines Lokals gibt es bei ihm inzwischen zwar auch manchmal Standardgerichte wie Moussaká oder Souvláki, man sollte aber lieber Fisch oder einfach *mesedákia* bestellen, einen Teller mit verschiedenen Kleinigkeiten, zu denen man ganz stilecht Ouzo mit Wasser trinkt.

1./2. Februar: Kirchweihfest in und vor der Kirche Panagía ton Kastrianón mit Musik, Tanz, Speis' und Trank.

Busverbindung: Keine direkte Linienbusanbindung. Man fährt bis Pilí, steigt dort an der Kirche Ágios Geórgios aus und geht die restlichen 3,5 km zu Fuß.

Pilí

Lage: G3
Einwohner: 2700
Entfernung von Kos: 17 km
Extra-Tour: 1, 2, 3; s. S. 84, 86, 88

Pilí ist das größte Dorf im koischen Binnenland. Trotz einiger alter Natursteinhäuser wirkt es weniger romantisch als Ziá; dafür kommen aber auch weit weniger Touristen. So kann man hier vor allem abends noch echtes Dorfleben rund um die Platía und den alten Dorfbrunnen kennenlernen.

Alter Brunnen: 150 m westlich des modernen Dorfplatzes, frei zugänglich.
Schon seit über 400 Jahren fließt bestes Trinkwasser aus den Löwenköpfen des uralten Dorfbrunnens von Pilí. Für seinen Bau wurden alte Steinquader verwendet, von denen mehrere noch antike Inschriften tragen.
Traditionelles Haus: Am modernen Dorfplatz, tgl. 9–16.30 Uhr, Eintritt 60 Cent.

In dem kleinen, alten Dorfhaus wird gezeigt, wie einfache Bauern noch bis zum Zweiten Weltkrieg auf der Insel lebten.
Grab des Harmylos: 300 m nordöstlich des Dorfplatzes.
Antiker Grabbau aus dem 4. Jh. v. Chr., über dem später eine kleine Kapelle errichtet wurde, in der antike Spolien verbaut sind (s. S. 84).

Alfa Horse: An der Straße von Pilí nach Lagoúdi, Tel. 2224-041 908.
Deutscher Reitstall mit ausgebildeten Pferden und Ponies von deutschen Zucht- und Ponyhöfen. Ausritte in kleinen Gruppen, Ponyreiten für Kinder.

Alt-Pylí: s. Paléo Pilí, S. 68.

Drósos: Am Dorfplatz, tgl. ab 9 Uhr.
Die aus Dänemark stammende Wirtin Pia und ihr griechischer Mann Vassílis bieten in ihrer modernen Taverne klassische griechische Tavernenkost an.
Panórama: An der Straße von Pilí nach Kardámena, tgl. ab 10 Uhr.
Einen Kaffee-Stopp lohnt das schmucklose Lokal trotz seiner meist sehr lustlos wirkenden Wirtsleute: Der Blick auf Pilí und die Küste ist dafür Ausgleich genug.
The Old Spring (Paliá Pigí): Am alten Dorfbrunnen, 100 m westlich des modernen Dorfplatzes, tgl. ab 10 Uhr.
Auf einer kleinen Terrasse verwöhnen Geórgios und seine Frau Evangelía ihre Gäste im Schatten eines großen Ficus-Baumes mit köstlichen Kleinigkeiten wie den gegrillten Hackfleischwürstchen *souzoukákia*, kross gebratenen Souvláki-Spießchen, gefüllten Weinblättern *dolmádes* oder gebratenen Auberginen- und Zucchini-Scheiben. Dazu gibt's Landwein vom Fass.

Bus Stop Gallery: Galerie des österreichischen Malers Kurt Hlavacek, der mit ›Sol‹ signiert, und seiner niederländischen Frau Nel Bezemer. Außer den Acryl- und Ölmalereien Kurts verkaufen sie auch Kunst und Kunsthandwerk von griechischen Freunden. Beide sind sehr gesprächig und sitzen gern mit Besuchern an der Bar der Galerie zusammen.
Remko & Ria: Laden am modernen Dorfplatz, Atelier und Laden 20 m oberhalb des Dorfplatzes nahe der Kirche.
Das niederländische Künstlerehepaar fertigt und verkauft Aquarelle, Radierungen und Silberschmuck.
The Mermaid: Am modernen Dorfplatz.
Keramik aus Griechenland, liebevoll im Vorhof eines alten Hauses präsentiert.

Kirchweihfest Ágios Geórgios: Am 23. April (oder, falls dieser Tag noch in die Fastenzeit fällt, am Ostermontag). Am Nachmittag improvisiertes Pferderennen auf der Hauptstraße im Ortsteil Ágios Geórgios.

Busverbindungen: Von Kos nach Pilí werktags 7–19.30 Uhr 5 x tgl., So 7–15 Uhr 3 x. Von Pilí nach Kos werktags 7.30–15.20 Uhr 4 x tgl., So 7.30–15.20 Uhr 3 x.

Platáni

Lage: K2
Einwohner: 1600
Entfernung von Kos: 3 km
Extra-Tour: 1, s. S. 84

Schmackhafte türkische Küche gibt es in Alis Taverne Asklipios in Platáni

Platáni ist das einzige Dorf der Insel, in dem griechische Moslems und Christen noch nebeneinander leben. Unterscheiden kann man sie nur an ihren Namen; auch die Moslems haben einen griechischen Pass und sprechen Griechisch. Nur einige Ältere unterhalten sich untereinander gelegentlich auf Türkisch. Die Moschee des Dorfes ist die einzige der Insel, in der noch das große Freitagsgebet stattfindet. Für den Urlauber wird der türkische Charakter am ehesten in den vier großen Tavernen am Dorfplatz deutlich: Sie servieren auch einige türkische Gerichte, die oft besser gewürzt sind als die in Griechenland übliche Touristenkost. Außerdem erhält man hier das erfrischende Getränk *airáni* aus Ziegenmilch, die mit Salz und Pfefferminz versetzt ist: eine Art griechischer Ayran also.

Jüdischer Friedhof: Links an der Straße von Kos nach Platáni.

Ein stets verschlossenes Gitter mit zwei Davidsternen auf den Torflügeln markiert den Eingang zum Friedhof der Jüdischen Gemeinde von Kos. Vor dem Zweiten Weltkrieg zählte sie noch etwa 60 Mitglieder; 1943 wurden sie allesamt in deutsche Konzentrationslager deportiert und dort größtenteils ermordet.

Türkischer Friedhof: Links an der Straße von Kos nach Platáni, 200 m nördlich des Jüdischen Friedhofs.

Der immer noch von der islamischen Gemeinde genutzte und gepflegte Friedhof steht tagsüber allen Besuchern offen. Die neueren Grabsteine nennen Namen und Lebensdaten der Verstorbenen in lateinischer Schrift; die vielen älteren Grabsteine hingegen tragen Inschriften in arabischer Schrift.

Tavernen am Dorfplatz: Die vier Tavernen am Dorfplatz sind alle gleich gut; Eine einzelne herauszuheben wäre ungerecht. Ihre Namen: Alis Asklipios, Arap Memis, Gin's Place und Serif Karawesir. Sie sind alle ab ca. 11 Uhr morgens geöffnet. Ali Hatjisouleiman, seit 1978 Inhaber des Asklipios, spricht etwas Deutsch. Bei ihm ist das Adana Kebab, scharf gewürztes Hackfleisch vom Spieß, besonders lecker.

Busverbindungen: Stadtbusse von Kos nach Platáni 8–22.45 Uhr ca. 15 x täglich, zurück 6.25–21.55 Uhr.

Psalídi

Lage: L/M2
Stadtteil von Kos
Entfernung von Kos: 2 km vom Mandráki-Hafen

Psalídi heißt die Hotelzone zwischen dem Trockenbach Platí und der Ostküste der Insel. Wohnhäuser stehen hier kaum, dafür aber im lockeren Abstand viele große Hotels und kleine Tavernen. Im Vergleich zu den Badeorten Tigáki, Marmári und Mastichári sind die Strände eher dürftig, dafür ist die Stadtnähe von Vorteil.

Basilika Ágios Gavriíl (Ayios Gabriel): Nahe der Mündung des Trockenbaches Platí ins Meer liegen am Westrand von Psalídi die Überreste einer kleinen frühchristlichen Basilika im sumpfigen Boden. Das Bachbett verleiht den eingezäunten Mauern einen besonderen Reiz.

Strände: Sand- und Kiesstrände säumen die Küste von Psalídi, grenzen aber zumeist an Hotelgelände.

Go-Karts: Psalídi Go-Karts, Tel. 2242-025 897, an der Hauptstraße auf Höhe des Hotels Okeanis, tgl. ab 10 Uhr.
Wer nicht selbst Rennen fahren möchte, kann von der schönen Terrasse der Snack-Bar auch zuschauen.
Wassersportzentren: Vor mehreren der großen Hotels.

Edmark: Zwischen Küstenstraße und Strand, 63 Zimmer, Tel. 2242-025 952, Fax 2242-024 369, April bis Okt., moderat.
Das relativ kleine, unauffällig in die Landschaft eingepasste Hotel einer griechisch-kanadischen Familie liegt ruhig nur 300 m vom Strand entfernt. Der Swimming-Pool wird von über einem Dutzend hoher Palmen umstanden, die Bar ist ein gemütlicher Treff.
Seagull: Landseitig an der Küstenstraße gelegen, 14 Studios und Apartments für 2–5 Personen, Tel. 2242-022 511 und 2242-025 200, buchbar auch über Irmgart Schwartz in Deutschland, Tel. 02802/805 23, Mai bis Okt., moderat.
Die kleine Apartmentanlage einer deutsch-griechischen Familie zeichnet sich durch ihre familiäre Atmosphäre, einen weitläufigen Garten und einen kleinen Swimming-Pool aus. Zum nächstgelegenen Kieselstrand geht man ca. 5 Min.
Okeanis: zwischen Hauptstraße und Strand an der Ostküste, 360 Zimmer, Tel. 2242-024 641, Fax 2242-023 728, www.oceanis-hotel.gr, Luxus.
Großhotel, etwa 7 km von der Stadt entfernt, Süßwasser-Pool, Bogenschießanlage, Tennisplätze, Minigolf, Fitnessraum, Mountainbike-Verleih. In jedem der geräumigen Zimmer gibt es einen Kühl-

schrank und eine Klimaanlage (die aber nur von Mitte Juni bis Mitte September in Betrieb ist).

Kos Camping: 2500 m östlich des Hafens, landseitig an der Küstenstraße gelegen, Tel. 2242-023 275, Mai bis Sept. geöffnet.
Der einzige Campingplatz der Insel bietet 77 von Bäumen beschattete Stellplätze, Bar, Restaurant, Gemeinschaftsküche, Waschsalon und Stromanschlüsse für Wohnwagen.

Mavromátis: Meerseitig an der Küstenstraße, tgl. ab 11 Uhr.
In dieser Ufertaverne schwelgen die Gäste in allen Blautönen. Stühle und Tische sind hell-, die meisten Tischdecken dunkelblau. Blaugestrichener Bambus und ein grünes Blätterdach lassen selbst das Sonnenlicht auf der zum türkisblauen Meer hin völlig verglasten Veranda bläulich erscheinen; die im Wind tänzelnden Blätter werfen ein ständig wechselndes Schattenspiel aufs ganze Lokal. Die Auswahl an Gerichten ist groß; besonders empfehlenswert ist das Bekrí Mezé, ein Schweinegulasch in einer gemäßigt scharfen Soße mit Tomaten, Zwiebeln, Paprika, Pilzen, Käse und Chili.
Spýros: Landseitig an der Uferstraße, tgl. ab 12 Uhr.
Wirt Spíros, der recht gut Deutsch spricht, wurde 1956 in dem Haus geboren, das heute den Kern der Taverne bildet. Sein Großvater betrieb darin schon damals ein kleines Kafénio; ums Haus herum wuchsen Melonen und Tomaten. Spýros schafft es heute noch, inmitten des doch so sehr vom Tourismus geprägten Psalídi alte griechische Gastfreundschaft erleben zu lassen. Er hält die Speisekarte und die Preise klein, die gute Laune hoch: Fast jeder männliche Gast, der zum zweitenmal kommt, wird von ihm als *capetanio* begrüßt. Mehrmals wöchentlich bietet Spíros fangfrische *marídes* an, kleine Fische, die man mit Kopf und Schwanz verzehrt; an jedem Samstagabend erklingt griechische Live-Musik, zu der sich oft auch einheimische Gäste einfinden.

Wer Nightlife sucht, fährt mit den regelmäßig verkehrenden Bussen oder mit dem Taxi in die Stadt Kos.

Busverbindungen: Stadtbusse von Psalídi nach Kos 7–24 Uhr alle 15–35 Min., zurück sowie nach Ágios Fokás 6.45–23.30 Uhr alle 15–35 Min.

Tigáki

Lage: H2
Einwohner: 80
Entfernung von Kos: 18 km

Eine Stichstraße von der Inselhauptstraße her und die Uferstraße bilden die beiden Achsen, entlang derer Tigáki (Tingáki gesprochen) wächst. Ursprünglich war es nur der Bootsliegeplatz für die Bewohner der Binnendörfer von Asfendioú; heute ist es ein Badeort ohne besonderen Charakter.

Alte Saline Alikés: Der flache See zwischen Tigáki und Marmári war ursprünglich eine große Saline, in der in Vorkriegszeiten jährlich etwa 20 000 Zentner Salz abgebaut wurden. Jetzt liegt sie seit langem still, und die Vogelwelt hat sie für sich erobert.

Von November bis April überwintern hier Flamingos und zahlreiche Wasservögel. Der Uferbereich ist weitgehend naturbelassen und unzugänglich, so dass die Vögel ihre Ruhe haben.

Ortsstrand: Ein feinsandiger Strand vor dem Ort.

Surfboard- und Tretbootverleih: An mehreren Strandabschnitten.

Basilika Ágios Pávlos: Links der Inselhauptstraße, 300 m nach dem Ortsschild von Zipári.
Rechts kommt erst ein altertümliches Kafénio, dann folgt eine Straßenbrücke. Unmittelbar vor der Brücke führt links ein Pfad zur etwa 50 m von der Straße entfernten Ruine. Frei zugänglich. Gut zu erkennen ist noch das Taufbecken der frühchristlichen Basilika; die Mauern des Baptisteriums sind noch etwa 5 m hoch erhalten.
Kirche Ágios Ioánnis: Aus Richtung Kos kommend, 750 m nach dem Ortsschild von Zipári rechts abbiegen (Wegweiser griechisch beschriftet). Frei zugänglich.
Die kleine, moderne Kapelle steht über einem antiken Grab, in das man hineinklettern kann. Im Grab stehen vier steinerne Sarkophage und ein hellenistischer, mit Stierkopfreliefs verzierter Votivaltar.

Tigaki Express, Tel. 2242-069 000, Fax 2242-069 500 oder
Visma Tours, Tel. 2242-069 995, Fax 2242-069 998.
Private Reiseveranstalter, beide mit Büros an der Hauptstraße.

Sea Side: 200 m westlich vom Kreisverkehr direkt an der Uferstraße, 8 Studios für 2–4 Personen, Tel. 2242-069 577 und 2242-069 816, April bis Okt., moderat.
Die einfachen, aber geräumigen Studios liegen über einem Restaurant und über dem Lebensmittelladen der Inhaber Fotiní und Ilías Papagellís. Zum guten Strand geht man nur 20 m.
Tigaki Beach: 300 m östlich vom Kreisverkehr, 169 Zimmer, Tel. 2242-069 446, Fax 2242-069 309, tigaki@otenet.gr, April bis Okt., teuer.
Typisches Großhotel in ruhiger Lage, allerdings etwa 150 m vom Strand entfernt; mit Süßwasser-Pool und Tennisplatz.

Andreas: An der Hauptstraße, tgl. ab 8 Uhr.
In Andreas Familientaverne fühlen sich zwei Schwalbenpärchen so wohl, dass sie alljährlich im Gastraum nisten. Eifrig fliegen sie ein und aus, hocken wie Wellensittiche auf der Gardinenstange. Die Gäste lassen sich dabei das Essen auf der gefliesten Terrasse unter grünem Blattwerk schmecken, wo weitere Vögel in ihren Bauern zwitschern.
Plori: An der Uferpromenade ca. 100 m westlich des Kreisverkehrs, tgl. ab 11 Uhr.
Micháli, der Wirt des Restaurants vor dem schönsten und ältesten Haus von Tigáki, bietet mediterrane Küche, Fisch, Meeresfrüchte und exzellente griechische Weine. Großer Wert wird auf frische Salate, Gemüse und Kräuter gelegt: Deswegen pflegt Micháli auch seinen eigenen kleinen Gemüsegarten unmittelbar zwischen Strand und Taverne.
Nisiotiko: An der Hauptstraße 200 m vom Kreisverkehr am Ufer, tgl. ab 9 Uhr.

Urgriechisch gibt sich die kleine Taverne mit ihren karierten Tischdecken, volkstümlichen Wandmalereien und traditionellen Holzstühlen mit Korbgeflecht. Da macht es nichts aus, dass man statt aufs Meer auf den Straßenverkehr schaut.

To Ampeli: Etwa 2500 m östlich des Kreisverkehrs, dort an der Uferstraße gut ausgeschildert, tgl. ab 10 Uhr. Ausschilderung auch von der Inselhauptstraße Kos – Zipári aus.

In der Taverne ›Der Weingarten‹ kann man vergessen, dass Kos fast ausschließlich vom Tourismus lebt. Auf der Terrasse eines kleinen, alten Bauernhauses sitzen die Gäste am Rande eines Weingartens, dessen hochwachsende Rebstöcke ab Juni Trauben tragen. Farbige Zierkürbisse, Knoblauchzöpfe, riesige Kürbisse und Vogelbauern zieren die Terrasse nebst zahlreichen handgemalten Tafeln, die griechische Lebensweisheiten verkünden. Neben offenem Wein bietet Wirt Minás auch exzellente griechische Flaschenweine. Zu den Spezialitäten des Hauses gehören das Weizenschrotgericht *pligoúri*, die Sülze *pichtí* und an Wochenenden auch Lamm nach Weinbauernart, *arnáki ambeloúrgo* (gefüllter Lammbraten).

Super Market Konstantinos: An der Hauptstraße, Mo–Fr 8–22, Sa 8–16 Uhr.
Modernes, klimatisiertes Einkaufszentrum mit großer Auswahl an Lebensmitteln, Spirituosen, Spielzeug und Strandbedarf, Textilien und Souvenirs.

Mascot Disco Bar: An der Hauptstraße nahe der Einmündung auf die Uferstraße.
Eine Bar, in der manchmal auch getanzt wird, aber keinesfalls eine Super-Disco. Für wahres Nightlife fährt man besser in die Stadt.

Busverbindungen: Von Tigáki nach Kos werktags

Am Strand von Tigáki

9.20–22.25 Uhr 11 x tgl., So 9.20–18.25 Uhr 7 x. Von Kos nach Tigáki werktags 9–23 Uhr 11 x tgl., So 9–18 Uhr 7 x.

Ziá

Lage: H3
Einwohner: 110
Entfernung von Kos: 18 km
Extra-Tour: 3, s. S. 88

Ziá ist das Vorzeige-Bergdorf der Insel. Eine kurvenreiche, schmale Straße führt von Zipári aus durch Mandel- und Obstgärten, Olivenhaine und Kiefernwälder hinauf. Schlank aufragende Pappeln inmitten üppigen Grüns schmücken das Bild des kleinen Ortes, der fotogen vor den alpin anmutenden, schroff aufragenden Felswänden des 846 m hohen Díkeos liegt. Am unteren Dorfplatz sind in den letzten Jahren zahlreiche Tavernen und Souvenirläden entstanden, viele Dorfbewohner bieten Kräuter, Gewürze und Honig zum Kauf an. Dass auf Kos keine Zimtbäume wachsen, ist vielen Urlaubern egal – sie kaufen Kaneel hier ebenso wie ägyptische Papyri. Eine stufenreiche Gasse führt vom unteren Dorfplatz ins Dorf hinein und passiert dabei ein Souvenirgeschäft in einer ehemaligen Wassermühle. Sie blieb als einzige von einst 20 solcher Mühlen übrig. Heute treibt das Wasser aus den Quellen bei Zía keine Mühlsteine mehr an, sondern wird in Rohren zu den Hotels in der Küstenebene geleitet.

Kirche Kímissis tis Theotókou: Im oberen Dorfteil neben der ausgeschilderten Taverne Sunset Balcony, tagsüber frei zugänglich. 1919 erbaut, 1992–95 innen im traditionellen byzantinischen Stil vollständig ausgemalt.

Besteigung des Díkeos: Im oberen Dorfteil auf breitem Fahrweg zur Taverne ›Kafelíno‹ (Wegweiser). Hinter kleiner Kapelle ca. 30 Min. dem breiten Weg nach rechts folgen, dann an rotem Blechpfeil links abbiegen. Auf schmalem, mit roten Farbtupfern und Steinmännchen markiertem steinigen Pfad zum Gipfel (600 Höhenmeter, hin und zurück 5–8 Std., festes Schuhwerk, Wasser, Hut und lange Hosen erforderlich!).

Privatunterkünfte: Preisgünstige Unterkünfte vermittelt Sérgos, der Wirt der Taverne ›Sunset Balcony‹, Tel. 2242-069 967 und 2242-069 120.

Mariánthi: Gepflegte Taverne am unteren Dorfplatz mit einer großen Auswahl an traditionellen orientalischen Kuchen wie Baklavás, Kataífi und Raváni.
Sunset Balcony: Im oberen Dorfteil nahe der Kirche, gut ausgeschildert, tgl. ab 10 Uhr.
Die Taverne mit großer Sonnenuntergangsterrasse bemüht sich trotz des allabendlichen Andrangs um eine gute, inseltypische Küche. So gibt es hier nicht nur gute, kleine Souvláki-Spießchen, sondern auch köstliche *revithókeftedes*, Reibekuchen aus Kichererbsenmehl.

Fantasía: In die Großtaverne am unteren Dorfrand bringen allabendlich zahlreiche Ausflugsbusse Urlauber aus den Badehotels zum ›Griechischen Abend‹. Essen und Trinken sind im Preis inbegriffen; die Tänzer treten in

In Ziá ist die Auswahl an Souvenirs riesengroß

Kostümen auf. Wer mag, kann später auch mittanzen. Mit echter Folklore hat das nichts zu tun, als Show ist das Programm aber durchaus akzeptabel.

Busverbindungen: Von Kos nach Ziá werktags um 7, 8.40 und 13 Uhr. Von Ziá nach Kos werktags um 7.30, 9, 13.30 und 16 Uhr. So kein Busverkehr auf dieser Strecke.

Zipári

Lage: H2
Einwohner: 900
Entfernung von Kos: 8 km
Extra-Tour: 2, s. S. 86

Zipári ist ein erst in den 20er Jahren gegründetes, großes Straßendorf und Schulzentrum für die oberhalb gelegenen Bergdörfer von Asfendioú. Der ganze Stolz des Dorfes ist der neue, 1999 modern gestaltete Dorfplatz direkt an der Inselhauptstraße.

Basilika Capáma: Nahe dem Dorffriedhof und dem Gymnasion des Ortes, von der Inselhauptstraße aus östlich des Dorfplatzes ausgeschildert, frei zugänglich.
Überreste einer frühchristlichen Basilika mit gut erhaltener Apsis und Taufbecken.

Kiriázis: An der Straße zwischen Zipári und Kos fällt zunächst rechts, dann links der Hauptstraße jeweils eine große Keramik-Verkaufsausstellung auf. Beide haben den gleichen Inhaber, eben Herrn Kiriázis. Er kauft seine Ware in ganz Griechenland zusammen: von der Spardose aus Ton bis zum offenen Kamin, von der 2 m hohen Tonsäule bis zur Aphrodite-Statue, vom Aschenbecher bis zum Blumentopf. Für viele seiner Angebote benötigt man zum Abtransport schon einen Kleintransporter.

Busverbindungen: In Zipári halten auf Wunsch alle Linienbusse der Insel.

Drei-Insel-Tour nach Kálymnos

Die Drei-Insel-Tour wird zumeist mit schmucken Motorseglern unternommen, die jedoch nur selten unter vollen Segeln kreuzen. Im Preis des Ganztages-Törns inbegriffen ist oft ein Mittagessen an Bord. Das eigentliche Erlebnis dieses Ausflugs ist die Bootsfahrt. Wer viel von der Schwammfischerinsel Kálymnos sehen will, fährt besser mit dem Linienschiff dorthin.

Platí

Platí ist völlig unbewohnt. Das Schiff landet nur für einen Badestopp. Das Wasser ist kristallklar; Wein und Oúzo gibt es an Bord.

Psérimos

Vorwahl: 0243
Einwohner: im Sommer 60, im Winter 20

Psérimos ist ein nur 17 km² kleiner Inselzwerg. Das einzige Inseldorf liegt am inneren Ende einer geschützten Bucht und wird von einem breiten Sandstrand gesäumt, der zugleich die Hauptstraße des Ortes bildet. Hier werden Sonnenschirme und Liegestühle vermietet; am Strand und an der kurzen Staubstraße, die vom Wasser weg zur Kirche Kímisis tis Theotókou führt, gibt es mehrere Tavernen, von denen einige auch Privatzimmer vermieten.

Kirche Kímisis tis Theotókou: Im Ortszentrum.
Die 1830 erbaute Kirche steht am Rande eines üppigen Gartens, der offiziell der Jungfrau Maria gehört. Auf dem Vorplatz der Kirche liegen einige Überreste einer frühchristlichen Basilika, die beweisen, dass Psérimos schon in der Antike bewohnt war.

Psérimos: An der kurzen Straße zur Marienkirche, 5 Zimmer, Tel. 2242-029 337, günstig.

Manólas: Am Strand an der Wasserzapfstelle, tgl. ab 9 Uhr.
Taverne, in der man auch in Badehose und Bikini Platz nehmen kann.

Kálymnos

Vorwahl: 0243
Einwohner: 28 500

Kálymnos ist im Gegensatz zu Kos eine überwiegend kahle, felsige Insel. Während Kos bis vor kurzem noch von Landwirtschaft geprägt war, war Kálymnos immer eine Fischerinsel. Auch heute leben dort etwa 1000 Familien vom Meer, zumeist vom Thun- und Schwertfisch-Fang. Nur wenige widmen sich heute noch der Schwamm-

Fischer in Póthia, der Hauptstadt von Kálymnos

taucherei und der Schwammverarbeitung, für die Kálymnos bis in die 60er des 20. Jh. weltberühmt war. Die meisten der etwa 29 000 Kalymnier wohnen in der Inselhauptstadt Póthia, in der viele klassizistische Villen vom Wohlstand der Insulaner zeugen.

Nautisches Museum: An den italienischen Verwaltungsbauten am Hafen, Mo–Fr 8–13.30, Sa 10–12.30 Uhr, Juni–Sept. auch So 10–12.30 Uhr, Eintritt ca. 1,50 €.
Das Museum illustriert mit vielen historischen Fotos die Geschichte der kalymnischen Schwammtaucherei. Dort sieht man auch die abenteuerliche Ausrüstung der Taucher und natürlich ganz unterschiedliche Schwammarten.
Schwammhandlungen: Im Rahmen geführter Ausflüge wird statt des Museums meist eine Schwammhandlung besucht, in der man auch Schwämme kaufen kann. Ein Videofilm erklärt die Verarbeitung der Schwämme

Städtische Tourist Information: An der Uferstraße zwischen dem Hotel Olympic und dem Fähranleger, Tel. 2242-02 93 10, Fax 2242-028 440.

Archontikó: an der Uferstraße nahe dem Fähranleger, Tel./Fax 2242-024 194, moderat.
Von älterem Ehepaar sehr persönlich geführte Pension in einem alten Kapitänshaus aus dem 19. Jh.

O Kseftéris: 100 m vom Nautischen Museum (dort fragen), tgl. ab 10 Uhr.
Urige Taverne, Kochtopfeinblick statt Speisekarte.

Fähren: Abfahrt der Ausflugsschiffe zwischen 9 und 10 Uhr, Rückkehr gegen 18 Uhr, Buchung vor der Abfahrt am Morgen und nach der Rückkehr den ganzen Abend über direkt vor den jeweiligen Booten am Mandráki-Hafen. Kleine Fähre ab Mastichári 3–5 x tgl., Hydrofoils (Tragflügelboote) ab Kos-Stadt bis zu 3 x tgl. Die großen Autofähren ab Kos-Stadt sind ungünstig, da Abfahrt in der Regel erst nachmittags, Rückkehr spät in der Nacht. Linienschiffe nach Psérimos tgl. 9 Uhr ab Kálymnos, Rückfahrt ca. 13 Uhr.

Zwei-Insel-Tour nach Gialí und Níssyros

Bootsausflüge zur Vulkaninsel Níssiros werden nicht nur ab der Stadt Kos, sondern auch ab Kardámena und Kéfalos angeboten. Manchmal sind diese Törns mit einem Badestopp auf der Bergbauinsel Gialí verbunden.

Gialí

Gialí wird im Laufe der Jahrhunderte wohl fast ganz von der Landkarte verschwinden. Die Insel besteht fast ausschließlich aus Bimsstein und Pozzolanerde, die zur Herstellung hydraulischer Mörtel stark gefragt ist. Die Bergbau-Arbeiter leben nicht ständig auf der Insel, sondern wohnen auf Níssyros, das von der Bergbaugesellschaft auch jährliche Pachteinnahmen erzielt.

Níssyros

Einwohner: 1500

Dem nur 41 km² großen Níssyros sieht man von außen nicht an, was in ihm steckt. Grün steigt es bis zu 698 m hoch aus dem Meer; dass fast das gesamte Inselinnere von einem gewaltigen Vulkankrater eingenommen wird, ist vom Meer aus nicht zu erkennen. An der Küste liegen der Hauptort Mandráki und das kleine Pálí. Zwei weitere Dörfer, Emboriós und Nikiá, stehen unmittelbar am Kraterrand.

Die Ausflugsboote machen am Kai des Inselhauptortes Mandráki fest, wo schon die Busse warten, um die Besucher in den Krater hinein zu bringen.

Krater (Caldera): Auf schmaler Straße geht die Fahrt kurvenreich hangaufwärts bis zum Kraterrand. Vor dem Betrachter liegt dann eine Caldera, 3500 m lang und bis zu 1500 m breit. Ihr Boden liegt nur 100–120 m über dem Meeresspiegel. Die südliche Hälfte ist im Frühjahr üppig grün, die nördliche das ganze Jahr über wüstenhaft kahl. Sie gleicht einer gelblich-ockerfarbenen Mondlandschaft. In ihr öffnet sich noch einmal der 250 x 350 m große Stéfanos-Krater, daneben steigt ein Miniaturgebirge aus kleinen Vulkankegeln mit weiteren vier Kratern auf. Trockenbäche mit schwefelgelb gefärbten Rändern durchziehen ihre Hänge. Sie füllen sich nur im Winter nach heftigen Regenfällen mit Wasser.

In den Stéfanos-Krater kann man hineingehen! Aus Erdlöchern steigen heiße Schwefelwasserstoffdämpfe auf, in kleinen Mulden blubbert Schlamm, brodelt kochend heißes Wasser. Die herumliegenden Steine sind so heiß, dass manche Fremdenführer auf ihnen demonstrativ ein Spiegelei braten.

Mandráki: Vom Anleger der Ausflugsboote führt eine über 1 km lange Ufergasse bis zum Fuß des mittelalterlichen Burgfelsens. Dort steht außer einer Burgruine auch die Wallfahrtskirche Panagía Spilianí, zu der man hinaufsteigen kann. Von dort sind es nur wenige Schritte zur Platía Ilikioméni, einem der schönsten Dorfplätze Griechenlands.

Nikiá: Wer auf eigene Faust nach Níssyros reist und über Nacht bleibt, kann entweder mit dem morgendlichen Schulbus um 7.30 Uhr nach Nikiá hinauffahren, von

Tanz auf dem Vulkan: die Caldera von Níssyros

dort in etwa einer Stunde in den Krater hinunterwandern und dann mit einem der Ausflugsbusse oder zu Fuß nach Mandráki zurückkehren. Es lohnt sich aber auch, mit dem Moped nach Nikiá hinaufzufahren und einige Zeit in dem autofreien Dorf zu verbringen. Ein Teil der Häuser blickt aufs Meer, ein anderer in den Krater hinein. Auch der Dorfplatz von Nikiá ist sehr schön.

Polyvotis Tours: Privates Reisebüro am Anleger, Tel. 2242-031 204, Fax 2242-031 330.

Romantzo: In Mandráki nahe dem Anleger der Ausflugsschiffe an der Straße nach Páli, 25 Zimmer, Tel./Fax 2242-031 348, günstig.
Einfaches Hotel mit Taverne, familiäre Atmosphäre, große Terrasse vor den meisten Zimmern.

I Fabrika: An der Gasse, die von der Platía Ilikioméni am Rathaus vorbei zur Ufergasse führt, tgl. 10–14.30 und ab 20 Uhr.
Stimmungsvolle Taverne in den Kellerräumen und im Garten eines traditionellen Inselhauses. Seltene Spezialitäten; Retsína vom Fass.

Ende Juli: An einem Abend Live-Konzert eines bekannten griechischen Musikers auf dem Kraterboden. Auf Kos wird dafür nicht geworben, Termin bei Polyvotis Tours telefonisch erfragen!

Fähren: Täglich Ausflugsboote ab der Stadt Kos, Abfahrt am Mandráki-Hafen meist gegen 9 Uhr, Rückkehr gegen 18 Uhr. Buchung auf den Booten wie bei Kálymnos. Dazu auch Ausflugsboote mehrmals wöchentlich ab Kardámena und Kéfalos. Ansonsten ab Kos-Stadt 2 x pro Woche per Hydrofoil (Tragflügelboot) und 4 x wöchentlich mit einer größeren Autofähre. Falls Sie individuell anreisen wollen, erkundigen Sie sich in einem Reisebüro nach den genauen Hin- und Rückfahrtverbindungen.

EXTRA-

Viermal Kos, einmal Kleinasien

1. Das antike Kos: Gräber, Tempel und Ruinen – Mit dem Auto quer über die Insel
2. Alten Kirchen auf der Spur – Mit Moped oder Auto unterwegs

Touren

3. Kos kulinarisch – Zu den originellsten Tavernen und Kafenía

4. In den Wilden Westen von Kos –
Eine Jeep-Tour auf der Kéfalos-Halbinsel

5. Ein anderer Kontinent –
Mit dem Boot nach Bodrum

Extra Tour 1

Das antike Kos – Mit dem Auto quer über die Insel

Heute zählt Kos nur 25 000 Einwohner. Vor 2400 Jahren hingegen sollen nach grober Schätzung etwa 150 000 Menschen ihr Auskommen auf der Insel gefunden haben. Aus der Literatur des Altertums sind die Namen verschiedener Orte bekannt, die als ›Demen‹ bezeichnet wurden. Antike Siedlungsspuren aber sind bisher nur an wenigen Stellen in größerem Umfang gefunden worden. Die italienischen Archäologen hatten ihre Arbeiten zwischen 1912 und dem Ausbruch des Zweiten Weltkriegs auf die Stadt Kos und das Asklipieion beschränkt; nach dem Zweiten Weltkrieg haben auf Kos keine nennenswerten Ausgrabungen mehr stattgefunden. Die griechischen Archäologen sind aber auch durch die Fülle des Materials überlastet: Nach vorsichtigen Schätzungen wurden im ganzen Land erst etwa 1 % der vorhandenen antiken Überreste ausgegraben – 99 % warten noch auf die Spaten der Wissenschaftler.

Das sicherste Anzeichen für einstige antike Siedlungen sind daher heute auf Kos die Ruinen frühchristlicher Basiliken, von denen es eine ganze Reihe gibt (Extra-Tour 2, s. S. 86). Man kann nämlich davon ausgehen, dass dort, wo im 5. Jh. größere Kirchen entstanden, auch alte Siedlungsplätze vorhanden waren. Meist wurden die neuen Kultplätze sogar direkt über uralten heidnischen Heiligtümern errichtet.

Erstes Ziel einer archäologischen Rundfahrt über Kos sollte die berühmteste antike Stätte der Insel sein, das **Asklipieion** (s. S. 32). Mit seinem Kur- und Kultbetrieb war es ein wesentlicher Wirtschaftsfaktor für die Koer. Für die Besichtigung benötigen Sie mindestens 1 Std. Danach geht die Fahrt weiter über die Inselhauptstraße bis Linopótis und dann hinauf ins große Binnendorf **Pilí** (s. S. 69).

Dort haben Archäologen das sogenannte **Grab des Harmylos** entdeckt. Es liegt abseits der Straße vom modernen Dorfplatz nach Kardámena und ist frei zugänglich. Sie folgen der Straße, bis sie nach etwa 200 m eine scharfe Rechtskurve macht. Hier gehen

Viel blieb nicht aus der großen Zeit der Insel in der Antike

Sie weiter geradeaus und stoßen dann auf die Ausschilderung ›Heroon of Charmylos‹.

Fast jede antike griechische Stadt führte ihre Gründung auf einen Helden aus grauer Vorzeit zurück, der in engem Kontakt zu den Göttern stand. Für die Koer war es ein gewisser Harmylos, über den ansonsten nichts bekannt ist. Hier, im heutigen Pilí, verehrte man ihn zusammen mit den zwölf olympischen Göttern in einem Bau mit Tonnengewölbe und je sechs Mauernischen in seinen Längswänden, der wohl aus dem 4. Jh. v. Chr. stammt. Über diesem Scheingrab sind Mauerreste eines Tempels oder Mausoleums zu erkennen, dessen Rückwand später als linke Seitenwand in den Bau einer kleinen Kapelle einbezogen wurde. Schön ist die Frontseite der Kapelle, in der zwei antike Quader mit Eierstabdekor sowie ein frühchristliches Kreuzrelief verbaut wurden. Davor sitzt meist die Bewohnerin des benachbarten Hauses, die gern mit Besuchern in die Kapelle geht und ihnen die Namen der auf den Ikonen dargestellten Heiligen nennt. Dafür erwartet sie natürlich ein Trinkgeld.

Von Pilí können Sie auf kurvenreicher Straße über die Berge nach **Kardámena** (s. S. 37) weiterfahren. Nehmen Sie dort die Uferstraße in Richtung Westen, dann entdecken Sie am Ortsrand vor der Taverne Chrisópoulos einen weiß-braunen Wegweiser mit der Aufschrift ›Alasarna Archaeological Site‹. Innerhalb der Umzäunung liegen die Überreste eines hellenistischen Theaters und eines antiken Apollon-Tempels. Dies deutet darauf hin, dass hier im Altertum eine nicht ganz arme Stadt gestanden haben muss.

Spuren der ältesten Stadt der Insel entdecken Sie dann im Gemeindegebiet des heutigen **Kéfalos.** Es war das namentlich bekannte Astypalaia, im Jahre 460 v. Chr. Geburtsort des Hippokrates. Die sehr romantisch in einem Wäldchen über einer Schlucht gelegenen Überreste eines Theaters aus dem 2. Jh. v. Chr. liegen 1500 m hinter dem Ortsende links der Straße zum Kloster Ágios Ioánnis. Ein verbleichendes Schild mit der Aufschrift ›Palatia‹ macht auf sie aufmerksam.

Länge der Rundfahrt ab und bis Kos-Stadt: ca. 90 km

Extra Tour 2

Alten Kirchen auf der Spur – Mit Moped oder Auto unterwegs

Als das Christentum im Jahre 381 zur Staatsreligion im Römischen Reich erklärt wurde, verehrten die meisten Griechen noch heidnische Götter wie Zeus und Apollon. Auch das endgültige Verbot der Ausübung heidnischer Kulte durch Kaiser Theodosius d. Gr. elf Jahre später machte aus ihnen keinesfalls über Nacht Christen. Sie mussten erst noch für den neuen Glauben gewonnen werden. Weil sie es gewohnt waren, ihren Gottheiten in prächtigen Tempeln und weitläufigen Heiligtümern wie dem Asklipieion zu huldigen, konnte auch die neue Religion nicht nur auf ihre innere Überzeugungskraft setzen, sondern musste sich den Erwartungen derer anpassen, die sie gewinnen wollte. Kirchen waren notwendig, die an Pracht mit den Stätten der alten Götter konkurrieren konnten. Die Christen griffen dafür auf die Bauform der Basilika zurück, die im antiken Athen entwickelt worden war und dann im Römischen Reich Verbreitung als Markthalle oder Gerichtsgebäude fand. Auf Kos sind zahlreiche solcher Basiliken gefunden worden; ihnen gilt diese Rundfahrt vor allem.

Die erste dieser Tour, **Ágios Gavriíl** (s. S. 72), liegt am östlichen Stadtrand von Kos an der Straße nach Ágios Fókas. Zu erkennen ist hier deutlich noch zweierlei: Wie in der heidnischen Antike liebte man im Inneren Säulen mit schönen Kapitellen als dekorative Stützen – sie wurden als Spolien aus älteren Bauten wiederverwendet. Für die Wände hingegen benutzte man einfache Feldsteine und Ziegel statt der bei antiken Tempeln üblichen, sorgfältig gearbeiteten Quader. Offenbar fehlten Zeit und Geld.

Auf der Inselhauptstraße geht die Fahrt nun weiter in Richtung **Zipári** (s. S. 77f.). Hinter dem offiziellen Ortsanfangsschild muss man aufpassen: Nach 750 m steht rechts der Straße ein hölzerner Wegweiser zur **Kirche Ágios Ioánnis,** die über einer antiken Grabstruktur erbaut wurde, in die Sie hinabklettern können (s. S. 74). Ihre Widmung ist kein Zufall: Viele Friedhofskirchen in Griechenland werden auch heute noch dem hl. Johannes geweiht, weil er zu-

Heute Kulisse eines beliebten Badestrands: Basilika Ágios Stéfanos

sammen mit Maria am Tage des Jüngsten Gerichts Christus um Gnade für die Seelen der Verstorbenen bittet.

Zur Hauptstraße zurückgekehrt, passieren Sie 200 m weiter rechter Hand eine EKO-Tankstelle und erreichen nach weiteren 500 m eine nur bei viel Aufmerksamkeit als solche erkennbare Brücke. Sie parken vor der Brücke, überqueren die Straße, steigen die Böschung hinab und folgen dem Ziegenpfad nach links; nach 50 m stehen Sie vor der Ruine der frühchristlichen **Basilika Ágios Pávlos** (s. S. 74). Der Kirchenbau war ursprünglich über 21 m lang und 15 m breit. Teile der Wände stehen noch bis zu 5 m hoch. Sie gehörten zum Baptisterium, einem speziellen Raum für die Erwachsenentaufe. Das kreuzförmig in den Boden eingelassene Taufbecken ist noch deutlich zu erkennen. Taufbecken wie heute üblich gibt es erst seit dem Mittelalter; begehbare Tauf-Piscinen werden im orthodoxen Raum aber auch heute noch vor allem in neuen und wiederbelebten Klöstern gebaut, weil man darin Erwachsene taufen kann, die zur Orthodoxie übertreten.

Eine weitere frühchristliche Basilkia wartet am nördlichen Ortsrand von Zipári auf Sie (Wegweiser ›Early Christian Basilica of Capama‹, s. S. 77). Sie war mit 17 x 16,3 m kleiner als Ágios Pávlos. Ihr Baptisterium war ein überkuppelter Rundbau. Der Boden dieser Basilika war wie der der meisten anderen mit farbigen, nicht-figürlichen Mosaiken bedeckt, die heute zu ihrem Schutz mit einer Kiesschicht bedeckt sind.

Wenn Sie noch nicht in **Pilí** (s. S. 69) waren, können Sie nun einen Abstecher dorthin unternehmen, um das Grab des Harmylos mit der darüber erbauten Christuskapelle zu besuchen. Ansonsten fahren Sie direkt nach **Mastichári** (s. S. 66) weiter, wo Sie die **Basilika Ágios Ioánnis** und die unter Verwendung antiker Spolien erbaute **Kirche Ágios Geórgios Loízos** besuchen können. Den Höhepunkt des Tages bildet dann die besonders gut erhaltene **Basilika Ágios Stéfanos** in der Küstenebene von **Kéfalos** (s. S. 42), wo Sie auch gut baden können.

Länge der Rundfahrt ab und bis Kos: ca. 95 km

EXTRA Tour 3

Kos kulinarisch – Eine Tour zu den originellsten Tavernen und Kafenía

Keine Angst: Sie sollen an diesem Tag nicht gemästet werden. Ziel der Extra-Tour ist es vielmehr, sie mit den kulinarischen Spezialitäten der Insel in fester und flüssiger Form bekannt zu machen und Ihnen Tavernen zu zeigen, die Sie dann vielleicht an einem anderen Tag gezielt ansteuern können, um dort zu speisen. Gut zu wissen, dass es in Griechenland durchaus üblich ist, wenn von zwei zusammenreisende Gästen nur einer ein Getränk bestellt. Der andere darf dann durchaus auch Platz nehmen und wird nicht genötigt, für Umsatz zu sorgen. Auch kann man sich in Hellas zu einer Flasche Bier oder Cola zwei Gläser bringen lassen oder zu einem Stück Kuchen zwei Gabeln.

Die Tour beginnt am Freiheitsplatz in **Kos-Stadt** mit einem inseltypischen Frühstück. Gehen Sie in die kleine **Konditorei Ariston** am Freiheitsplatz, der Platía Eleftheriás (s. S. 59), und genießen Sie ein *galaktoboúriko:* Dies ist eine mit Hartweizengrieß gefüllte, mit Zitrone und Vanille aromatisierte Blätterteigtasche, die aus einem speziellen Warmhaltebehälter serviert wird. Ganz nach griechischer Sitte trinken Sie dazu am besten ein (kostenloses) Glas Leitungswasser.

So gestärkt, können Sie jetzt das Bergdorf **Ziá** ansteuern, wo in der **Taverne Mariánthi** weitere süße Leckereien auf Sie warten. Recht leicht ist der Grießkuchen *revaní;* besonders lecker sind die *kourambiédes,* eine Art Mandelgebäck, aromatisiert mit Gewürznelken und Rosenwasser. Beim anschließenden Rundgang durchs Dorf kommen Sie sicherlich auch an der **Taverne Sunset Balcony** vorbei, wo Sie ein andermal zum Sonnenuntergang leckere *dolmádes,* also gefüllte Weinblätter, genießen können.

Der nächste Zwischenstopp wird in **Lagoúdi** eingelegt. Hier gilt es, zwei ausgefallene flüssige Spezialitäten zu kosten. Der alte Wirt im urig-höhlenartigen **Paradosiakó Kafénio** mixt sich noch alljährlich selbst seinen Vorrat an *kanelláda,* eine Art Limonade, die früher in ganz Griechenland beliebt war, aber nirgendwo industriell herge-

Die Taverne Maránthi in Ziá ist auf süße Leckereien spezialisiert

stellt wird. Er verrührt dazu feinstes, von ihm extra aus der Türkei importiertes Zimtöl mit Wasser. Im unterhalb der Dorfkirche gelegenen **Café I Oréa Elláda** können Sie anschließend ein Glas nicht minder selten gewordener *soumáda* trinken, eine Mischung aus Mandelmilch und Wasser.

Auf einer kleinen Nebenstraße geht die Fahrt nun weiter nach **Paléo Pilí** (s. S. 68). Nach einer Burgbesteigung werden Sie Appetit auf ein paar Köstlichkeiten aus dem Meer haben. Wirt Geórgios Stavrópoulos der **Taverne Old Pylí** wird Ihnen gern zwei oder mehr Gabeln zu einem Teller *thalássina* bringen, also einem Teller mit Früchten des Meeres wie in Essig und Öl eingelegten Oktopus oder *soupjés,* eine den Kalamares ähnliche Tintenfischart. Im Gegensatz zu jenen oft eher gummiartigen Ringen stammen sie nie aus der Tiefkühltruhe, sondern werden immer frisch serviert. Dazu schmeckt zumindest dem Beifahrer ein Gläschen Oúzo, der für Griechenland typische Anisschnaps. Man kann ihn pur trinken oder wie die Griechen mit Wasser verdünnt. Er ist in Griechenland allerdings fast nie eisgekühlt; denn wenn er zu kalt ist, nimmt er nicht mehr die typisch milchige Farbe an, wenn man ihn mit Wasser vermischt, auch der Geschmack kann sich dann nicht entfalten.

Den zweiten Gang sollten Sie sich dann in der schattigen **Taverne The Old Spring** am alten Brunnen von Píli servieren lassen: einen Teller mit gebratenen Zucchini- und Auberginenscheiben: *kolokithákja ke melindsánes tiganités.* Dazu schmeckt etwas offener Wein, den man in Griechenland traditionell nicht liter-, sondern kiloweise bestellt – also etwa *missó kiló krassí,* einen halben Liter Wein, *parakaló!*

Den Käse als Dessert genießen Sie dann am besten in der **Taverne Traditional Greek House** am Strand von **Mastichári** (s. S. 67). Der Schwager des Wirts hält selbst 100 Kühe und betreibt eine Käserei. Von dort kommen der sahnige Joghurt, den Wirt Savas Ihnen als *jaoúrti me méli* mit Honig serviert, und der in Rotwein eingelegte Kuhmilchkäse *tirí krassáto.*

Länge der Rundfahrt ab und bis Kos: ca. 65 km

Extra Tour 4

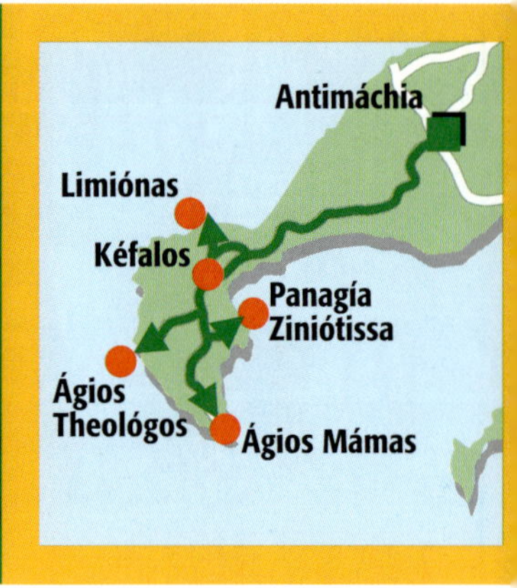

In den Wilden Westen – Eine Jeep-Tour auf der Kéfalos-Halbinsel

Ein Jeep ist für diese Tour durch den einsamen Westen der Insel nicht unbedingt notwendig, obwohl sie streckenweise über nicht asphaltierte Pisten führt. Mit einem Kleinwagen ist die Strecke ebenfalls zu bewältigen. Mit dem Jeep lässt sie sich aber angenehmer zurücklegen, weil Sie nicht auf jede Bodenwelle und jedes tiefe Schlagloch achten müssen. Fährt man alleine (und nicht in einer ›Safari‹ zu fünft oder zehnt, wo man bis in jede Pore zustaubt) ist das Fahren auch recht angenehm.

Die Tour beginnt in **Antimáchia.** Auf gut ausgebauter Asphaltstraße geht es von hier gen Westen bis in die Küstenebene von Kéfalos. Unterwegs können Sie mehrmals kurze Abstecher zu ausgeschilderten Stränden machen. Die Straßen hinunter sind aber nur zum Teil asphaltiert und sehr steil; Linienbusse fahren nur zum Paradise Beach.

In der Küstenebene lohnt dann auf jeden Fall der kurze Abstecher zur **Basilika Ágios Stéfanos** (s. S. 42) gegenüber dem Felsinselchen Kastrí. Danach geht es ins stille Bergdorf **Kéfalos** (s. S. 41) hinauf, wo sich ein kurzer Ortsrundgang und ein Besuch in einem der traditionellen Kaffeehäuser lohnen. Anschließend fahren Sie in Richtung Ágios Ioánnis weiter. Nach 1 km führt ein kurzer Stichweg zur ausgeschildeten **Kirche Panagía Kastrianí** aus dem Jahr 1988. 15 m von ihr entfernt steht die Ruine einer alten Kirche, die aus Quadern eines antiken Tempels aufgemauert war, der in der Antike an dieser Stelle stand. Mit etwas Glück sehen Sie hier meist besonders große Eidechsen.

700 m weiter macht dann ein kleines Schild mit der Aufschrift ›Palatia‹ auf die zwei verbliebenen Stufen und die geringen Reste des Bühnengebäudes eines **hellenistischen Theaters** aufmerksam. Es gehörte zur Stadt Astypalaia, in der 460 v. Chr. der berühmte Arzt Hippokrates geboren wurde.

Der nächste Wegweiser nach links an der Asphaltstraße führt über einen gut 2 km langen Feldweg (an der ersten Gabelung links halten, nicht nach rechts abwärts fahren) zur einsam hoch über der

Noch jemand da? Klosteranlage Ágios Ioánnis Thymnianós

Bucht von Kéfalos gelegenen **Kapelle Panagía Ziniótissa.** Von hier aus haben Sie den schönsten Blick über den Westen der Insel.

Nach weiteren 2,5 km auf der Asphaltstraße erreichen Sie das verlassene **Kloster Ágios Ioánnis Thymianós.**

Einige wenige Stufen führen zu den Ruinen eines kleinen Zellentraktes hinunter und weiter auf den von einer uralten Platane beschatteten Festplatz vor dem Kirchlein, das Johannes dem Täufer geweiht ist. Ein großes Kirchweihfest findet hier alljährlich am Abend des 28. und am 29. August statt.

Fahren Sie nun wieder etwa 130 m zurück, zweigt scharf nach rechts ein schmaler Feldweg ab, dem Sie etwa 3 km weit bis an sein Ende folgen können. Dort steht die moderne **Kapelle Ágios Mámas,** die dem Schutzheiligen der Hirten und Herden geweiht ist. Von hier aus ist der Blick auf die Südspitze der Kéfalos-Halbinsel, das Kap Krikéllo, besonders schön. Keine Straße führt dorthin; nur Wanderer erreichen es.

Vom Kloster Àgios Ioánnis Thymianós fahren Sie nun wieder ein Stück in Richtung Kéfalos zurück, um an einer ausgeschilderten Abzweigung nach links zum auch ›Sunset Wave Beach‹ genanntem **Strand Ágios Ioánnis Theológos** abzubiegen. Ein schmaler, meist fast menschenleerer Sandstrand zieht sich hier zwischen der oft kräftigen Brandung und einem niedrigen Steilufer entlang; einige wenige Sonnenschirme aus Palmstroh verleihen ihm einen etwas exotischen Charakter. Das Hinterland ist unfruchtbare Heidelandschaft mit niedrigen Wacholderbüschen und buschigen Zedern. Am Ende der Straße steht eine fotogene, kunsthistorisch jedoch unbedeutende Kapelle; das einzige Restaurant weit und breit serviert ausgezeichnetes Essen.

Bevor Sie nun nach Kéfalos zurückkehren, können Sie von der Straße bei erster Gelegenheit nach links abbiegen und kommen zum völlig einsamen **Kata Beach.** Von Kéfalos aus können Sie nun noch einen Abstecher zum Hafen von **Limiónas** unternehmen, wo Sie zwei ausgezeichnete Fischtavernen erwarten (s. S. 64).

Länge der Rundfahrt ab und bis Antimáchia: ca. 75 km

Ein anderer Kontinent – Mit dem Boot nach Bodrum

Erst seit 1912 verläuft zwischen Kos und Kleinasien eine Grenze: die zwischen Griechenland und der Türkei. In der Antike waren die Städte entlang der kleinasiatischen Küste zunächst griechisch, dann hellenistisch und schließlich römisch – genau wie die Inselwelt der Ägäis. Milet und Ephesos gehörten zu den bedeutendsten Metropolen des Altertums – und auch gegenüber von Kos stand eine Stadt, die die Griechen heute mit ihrem alten Namen Halikarnássos nennen (wie für sie übrigens İzmir auch noch Smyrna und İstanbul Konstantinoúpolis heißt). In der Spätantike wurden die Inseln und Kleinasien byzantinisch; während der Kreuzritterzeit stand eine Johanniterburg am Hafen des antiken Halikarnass. Mit der Eroberung Griechenlands durch die Osmanen wurde die Ägäis wieder gänzlich zum ›Binnenmeer‹; erst die Italiener entrissen den Dodekanes 1912 den Osmanen.

Heute heißt Halikarnássos für den Rest der Welt Bodrum und ist zu einem der bedeutendsten türkischen Urlaubszentren aufgestiegen. Die Unterschiede zu Griechenland fallen sogleich ins Auge. Im Hafen liegen weitaus mehr und viel schönere Boote als in dem von Kos, die Bazarstraßen quellen über von originellen und teilweise auch wertvollen Souvenirs – Shopping macht in der Türkei weitaus mehr Spaß als in Hellas. Doch Vorsicht: Es gelten die gleichen Zollbestimmungen wie für die Einfuhr nach Deutschland. Mitgebrachte Souvenirs dürfen den Gesamtwert von 65 € pro Person nicht überschreiten.

Die Ausflugsboote von Kos machen in Bodrum direkt vor den vollständig erhaltenen Mauern der auch sonst noch weitgehend intakten **Johanniterburg** fest. Sie birgt heute eins der besten Museen an der ägäischen Küste. Neben zahlreichen Funden aus prähistorischer bis byzantinischer Zeit sind vor allem Funde der Unterwasserarchäologie zu sehen, darunter das sog. ›Glaswrack‹ in einem speziellen Saal. Besonders sehenswert ist auch der Saal des Grabs der karischen Prinzessin mit kostbarem Schmuck; aber auch das Gesicht haben englische Ge-

Bodrum: europäische Ritterburg neben islamischen Minaretten

richtsmediziner nach dem Skelett rekonstruiert (Mo geschlossen).

Die Steine, aus denen die Johanniter ihre Burg errichten ließen, stammen zum Teil von einem antiken Bau, der als eines der sieben Weltwunder galt: Das **Mausoleum von Halikarnássos** hatte König Maussollos, der 377–53 v. Chr. als persischer Statthalter in Karien regierte, noch zu seinen Lebzeiten als Grabmal erbauen lassen. Dänische Archäologen legten seit 1966 den Standort frei. Es stand auf einer in den Fels gehauenen Terrasse von 105 x 242 m Grundfläche, war 50 m hoch und reich mit Friesen und Skulpturen verziert, an denen die berühmtesten griechischen Bildhauer der damaligen Zeiit mitgearbeitet hatten. Die Originale sind heute größtenteils im Britischen Museum in London zu sehen, im kleinen Museum auf dem Ausgrabungsgelände werden Gipsabgüsse gezeigt (Mo geschlossen).

Einen Abstecher lohnt schließlich noch das am Ortsrand über dem Mausoleum gelegene antike Theater, von dem aus sich ein besonders schöner Blick über Bodrum bietet.

Sicherlich fährt man aber nicht nur nach Bodrum, um auf den Spuren der Antike zu wandeln. Ohne ein Glas Tee getrunken zu haben, sollten Sie die Türkei auf keinen Fall wieder verlassen, und auch der türkischen Küche werden Sie wohl kaum widerstehen können. Besonders viele Lokale finden Sie am Hafen, an den sich das alte Basarviertel anschließt, und auf der **Long Street,** einer kilometerlangen Flanier- und Einkaufsmeile am Strand östlich der Burg. Da sitzen Sie auf ins Meer hinausgebauten Terrassen und blicken auf die Zinnen der Johanniterfestung. Die Lokale hier sind sehr englisch geprägt, doch am Ende der Gasse bietet z. B. das 06 Lokanta authentische, leckere türkische Küche. Einen Hauch vom türkischen Landleben können Sie auch an der Hauptstraße Cevat Şakir Cad. mitbekommen, die vom Hafen aus bis zur Busstation führt. Dort beginnt dann schon das eher untouristische Anatolien.
Personalausweis genügt.

Fotonachweis

Titel: Männer beim Spiel unter den Arkaden der Markthalle in Kos-Stadt
S. 1: Türkisches Minarett in Kos-Stadt
S. 2/3: Strandidylle am Camel Beach
S. 4/5: Fliegender Händler auf dem Dorfplatz in Pilí
S. 4/5: Die große Platía Eleftheriás vor der Defterdar-Moschee in Kos-Stadt

Rainer Hackenberg, Köln: Titel, S. 1, 2/3, 4/5, 6/7, 8, 9, 10, 17, 19, 26/27, 30, 31, 33, 37, 39, 40/41, 43, 45, 47, 51, 53, 55, 56, 71, 77, 85, 89, 91
Klaus Bötig, Bremen: 14, 35, 38, 59, 61, 65, 67, 69, 75, 79, 81, 87
Hans E. Latzke, Bielefeld: 93

Kartographie: Berndtson & Berndtson Productions GmbH, Fürstenfeldbruck. © DuMont Reiseverlag.

Alle in diesem Buch enthaltenen Angaben wurden vom Autor nach bestem Wissen erstellt und von ihm und dem Verlag mit größtmöglicher Sorgfalt überprüft. Gleichwohl sind inhaltliche Fehler nicht vollständig auszuschließen. Ihre Korrekturhinweise und Anregungen greifen wir gern auf. Unsere Adresse: DuMont Reiseverlag, Postfach 101045, 50450 Köln, www.dumontreise.de, info@dumontreise.de

Die Deutsche Bibliothek – CIP-Einheitsaufnahme

Varelas, Nikos:
Kos : / Nikos Varelas.
- Köln : DuMont, 2002
(DuMont Extra)
ISBN 3-7701-5759-1

Grafisches Konzept: Groschwitz, Hamburg

2. aktualisierte Auflage 2002

Druck: Rasch, Bramsche
Buchbinderische Verarbeitung: Bramscher Buchbinder Betriebe

ISBN 3-7701-5759-1

Hotels

Register